Jean-Michel Ragald

Les enseignements bibliques à tirer de la fourmi

Jean-Michel Ragald

Les enseignements bibliques à tirer de la fourmi

Un exemple à plus d'un titre

Éditions Croix du Salut

Impressum / Mentions légales
Bibliografische Information der Deutschen Nationalbibliothek: Die Deutsche Nationalbibliothek verzeichnet diese Publikation in der Deutschen Nationalbibliografie; detaillierte bibliografische Daten sind im Internet über http://dnb.d-nb.de abrufbar.
Alle in diesem Buch genannten Marken und Produktnamen unterliegen warenzeichen-, marken- oder patentrechtlichem Schutz bzw. sind Warenzeichen oder eingetragene Warenzeichen der jeweiligen Inhaber. Die Wiedergabe von Marken, Produktnamen, Gebrauchsnamen, Handelsnamen, Warenbezeichnungen u.s.w. in diesem Werk berechtigt auch ohne besondere Kennzeichnung nicht zu der Annahme, dass solche Namen im Sinne der Warenzeichen- und Markenschutzgesetzgebung als frei zu betrachten wären und daher von jedermann benutzt werden dürften.

Information bibliographique publiée par la Deutsche Nationalbibliothek: La Deutsche Nationalbibliothek inscrit cette publication à la Deutsche Nationalbibliografie; des données bibliographiques détaillées sont disponibles sur internet à l'adresse http://dnb.d-nb.de.
Toutes marques et noms de produits mentionnés dans ce livre demeurent sous la protection des marques, des marques déposées et des brevets, et sont des marques ou des marques déposées de leurs détenteurs respectifs. L'utilisation des marques, noms de produits, noms communs, noms commerciaux, descriptions de produits, etc, même sans qu'ils soient mentionnés de façon particulière dans ce livre ne signifie en aucune façon que ces noms peuvent être utilisés sans restriction à l'égard de la législation pour la protection des marques et des marques déposées et pourraient donc être utilisés par quiconque.

Coverbild / Photo de couverture: www.ingimage.com

Verlag / Editeur:
Éditions Croix du Salut
ist ein Imprint der / est une marque déposée de
OmniScriptum GmbH & Co. KG
Heinrich-Böcking-Str. 6-8, 66121 Saarbrücken, Deutschland / Allemagne
Email: info@editions-croix.com

Herstellung: siehe letzte Seite /
Impression: voir la dernière page
ISBN: 978-3-8416-9947-3

Copyright / Droit d'auteur © 2015 OmniScriptum GmbH & Co. KG
Alle Rechte vorbehalten. / Tous droits réservés. Saarbrücken 2015

TABLE DES MATIERES

Introduction..p. 6

    Chapitre 1 – La travailleuse...p. 11

        Section I – Le refus de l'oisiveté..p. 11

            § 1 - Ce qui dit la bible du paresseux..............................p. 11
            § 2 - L'activité de la fourmi...p. 20
            § 3 - Les enseignements dans les domaines professionnel et spirituel..p. 22

        Section II – Les qualités dans le travail......................................p. 33

            § 1 - La minutie..p. 33
            § 2 - La persévérance..p. 34

        Section III – La capacité de couper..p. 37

            § 1 - L'aptitude de la fourmi de sectionner......................p. 37
            § 2 - La question de la circoncision................................p. 39

    Chapitre 2 – Les qualités sapientales de la fourmi...........................p. 44

        Section I – La faculté d'adaptation..p. 44

            § 1 - L'anticipation..p. 45
            § 2 - La marche de la fourmi..p. 49
            § 3 - La capacité de retomber sur ses pattes.....................p. 51

Section II – L'économe : l'intelligence en matière de gestion..........p. 54

    § 1 - La gestion de son temps..p. 54
    § 2 - La gestion des biens..p. 56
    § 3 - La gestion des relations...p. 65
    § 4 - La gestion de son alimentation...............................p. 70
    § 5 - La gestion des dons..p. 72

Section III – La patience...p. 72

    § 1 - La notion de patience..p. 73
    § 2 - La patience dans le cadre de l'avènement de *Jésus-Christ*..p. 74
    § 3 - Comment avoir la patience ?................................p. 75

Chapitre III – La diversité des fourmis dans le corps.........................p. 78

Section I – Les raisons justificatives du caractère social de la fourmi..p. 78

    § 1 - La petitesse de la fourmi..p. 78
    § 2 - L'absence de force..p. 83

Section II – L'unité..p. 86

    § 1 - L'unité dans l'entraide...p. 86
    § 2 - L'unité dans le combat..p. 91

Section III – La diversité dans le corps....................................p. 94

§ 1 - La distinction en fonction des caractéristiques..............p. 94
§ 2 - La distinction en raison des fonctions........................p. 97

Conclusion...p. 102

Note aux lecteurs...p. 103

Introduction

Dans la bible, le mot « fourmi » n'intervient qu'à deux reprises et ce, dans un livre unique, celui des Proverbes. Il se retrouve dans Proverbes, 6, 6 et dans Proverbes, 30, 25.

Cette localisation n'est pas anodine. Elle témoigne de l'intérêt sapiental des enseignements fournis par l'observation de cet animal. Dès l'*Ancien Testament*, *Iyov* dit, dans l'une de ses plaidoiries : « Mais, interroge s'il te plait les bêtes et elles t'enseigneront, et les oiseaux du ciel, ils t'enseigneront »[1].

Le *Nouveau Testament* n'échappe pas à cette méthode d'illustration, d'instruction et d'interprétation. *Jésus-Christ* lui-même n'a pas hésité à en faire de même, analysant le comportement des oiseaux du ciel[2], de la poule[3]...

En hébreu, la fourmi se traduit par « *nemalah* », au pluriel « *nemalim* ». Ce terme vient de « *namal* », verbe signifiant « circoncire », « devenir coupé », « être circoncis », « être fauché ».

L'aptitude des fourmis à sectionner les pattes, les corps de certains insectes avec facilité résulte de la détention de crocs capables de taillader. Avec leurs mandibules, elles n'hésitent pas, collectivement, à s'attaquer à des proies amplement plus massives qu'elles.

---

[1] - Job (*Iyov*), 12, 7.
[2] - Matthieu, 6, 26.
[3] - Matthieu, 23, 37 ; Luc, 13, 34.

Par analogie, la parole de *Dieu* est une épée à double tranchant, capable de séparer jointures et moelles, âme et esprit, en jugeant les pensées et les raisonnements du cœur[4].

Dans l'analyse des caractéristiques d'un animal dans la parole de *Dieu*, il convient d'éviter deux écueils.

Primo, le *Dieu* incorruptible ne saurait être en « ressemblance d'image » (« *omoiomati eikonos* ») d'oiseaux, de quadrupèdes et de serpents[5]. Le principe est valable pour tous les animaux. Les animaux ne sauraient être ni l'objet d'idolâtrie, ni considérés comme des dieux. Mettre une créature à la place de *Dieu* est une abomination. C'est l'une des raisons pour lesquelles *YHWH* avait frappé l'*Egypte*. La place de *Dieu* est exclusive et ne saurait être partagée, ni avec un homme, encore moins avec un animal. « Moi *YHWH*, lui mon nom, et ma gloire à un autre je ne donnerai pas et (ni) ma louange à des statues »[6].

Cependant, cela n'a pas empêché l'utilisation de comparaisons animales pour parler de *Dieu*. *Jésus-Christ* n'est-il pas assimilé au lion de la tribu de *Yehudah*[7], à l'agneau de *Dieu*[8] ou encore au serpent de bronze[9] ?

Deuzio, l'autorité de l'être humain a été d'emblée placée au-dessus des animaux, indépendamment de leurs lieux d'évolution (mer, ciel et terre)[10]. Aucun être humain ne saurait placer l'animal au-dessus de lui et en faire son dieu. Nul ne devrait conférer ou concevoir une quelconque égalité entre lui et l'animal sous peine de s'avilir et nier l'identité de l'être humain, ce qu'il est pour *Dieu*.

---

[4] - Hébreux, 4, 12.
[5] - Romains, 1er, 23.
[6] - Esaïe (*Yeshayahou*), 42, 8.
[7] - Genèse (*Berechit*), 49, 9 et 10 ; Apocalypse, 5, 5.
[8] - Jean, 1er, 29 et 36.
[9] - Jean, 3, 14.
[10] - Genèse (*Berechit*), 1er, 28.

Même si, dans la bible, *Dieu* a utilisé la bouche d'une bourrique pour parler à un prophète récalcitrant et que, naturellement, les perroquets répètent, l'inclination à l'humanisation des animaux parce qu'elle revient à faire parler des animaux dans le cadre de dessins animés est contraire à la volonté divine dès l'origine.

En dehors des circonstances d'idolâtrie et de transgression à la hiérarchisation biblique établie par le *Créateur*, la comparaison entre l'être humain et l'animal répond à trois objectifs.

D'abord, elle peut illustrer les incidences spirituelles de situations factuelles subies par certains animaux (agneau conduit à la boucherie se référant notamment au sacrifice, à l'amour, au courage, à l'humilité de *Christ*, chant du coq comme rappel d'une parole annoncée antérieurement…). Ainsi, l'observation des fourmis dans leur environnement enseigne des choses au plan spirituel.

Ensuite, elle peut exprimer un caractère à adopter ou à refuser (douceur et soumission de l'agneau, brutalité du bouc, ruse ou prudence du serpent, force du cheval ou de la jument, impureté du cochon…). Pour la fourmi, l'étude de ses singularités met en relief des qualités importantes permettant à l'être humain de s'approprier certaines vertus propres à cet animal.

Enfin, elle peut relever une dimension spirituelle du comportement propre à un animal (poule rassemblant ses petits comme facteur d'unité, vol rapide et élevé de l'aigle montrant par exemple l'élévation au-dessus des turbulences terrestres…). Cela a permis par exemple à décrier l'attitude de certaines personnes, comme l'a fait *Jean-Baptiste*[11] à propos des pharisiens. Au sujet de la fourmi, l'attitude de cet animal va instruire au travers de sa propre conduite.

---

[11] - Matthieu, 3, 7.

Cela étant dit, l'étude de la fourmi par rapport à la parole de *Dieu* révèle des caractéristiques tant individuelles que collectives. Le plan du livre s'articule autour de trois points : les qualités en termes de travail (Chapitre 1) et de sagesse des fourmis (Chapitre 2), ainsi que la diversité des fourmis formant néanmoins un peuple (Chapitre 3).

Chapitre 1 – La travailleuse

Laborieuse, la fourmi est un exemple d'assiduité au travail. Elle se lève tôt le matin et toutes ses voies ramènent à la fourmilière. Or, la parole de *Dieu* enseigne que, dès le matin et au cours de journée, un maître de maison a embauché ceux qui étaient dans les places pour travailler[12]. Le chômage n'est pas dans la dynamique du Royaume des cieux. Il n'est pas simplement une réalité de marchés décrite par les économistes mais, un lien de malédiction.

Au surplus, l'oisiveté est exclue dans la programmation de la fourmi (Section I) sachant que son travail présente des qualités indubitables (Section II). Enfin, à bien considérer la racine hébraïque du mot « *nemalah* », force est de constater que l'une de ses activités est de sectionner, de circoncire (Section III).

Section I – Le refus de l'oisiveté

L'une des particularités de la fourmi est de n'être point fainéante (§ 1). C'est pourquoi elle s'adonne à l'activité (§ 2).

§ 1 - Ce qui dit la bible du paresseux

L'activité divine montre que l'*Eternel* est simultanément *Dieu* d'activité et *Dieu* du repos ou qui sait s'arrêter[13]. Dans le même temps, celui qui veille sur *Israël* ne sommeille ni ne dort[14]. De ce fait, la fainéantise n'était pas insérée dans le programme divin et ne saurait intégrer l'image du *Dieu* qui fut transmise à l'être

---

[12] - Matthieu, 20, 1er et s.
[13] - Genèse (*Berechit*), 2, 3. *Shabbat* signifie à la fois « se reposer », « s'arrêter ».
[14] - Psaumes (*Sepher Tehillim*), 121, 4.

humain. Cette donne s'inscrit aussi bien dans l'*Ancien* que dans le *Nouveau Testament*.

Dans l'Ancien Testament - En hébreu, le paresseux se dit « *'atsel* » retrouvé quatorze fois dans le livre des Proverbes (*Mishlei*). A deux reprises, a été employé le mot « *'atslah* » pour parler de la paresse avec certaines conséquences[15]. La paresse traduit par ailleurs « *'atsluth* »[16]. Le terme « *'atsel* » procède du verbe « *'atsal* » signifiant « être paresseux » en donnant l'idée de ne pas traîner[17].

Shelomoh, homme de sagesse, donne ce conseil célèbre : « va vers la fourmi paresseux »[18]. Cette citation adressée au fainéant peut s'apparenter au rappel au réveil en vue d'inculquer un nouvel état d'esprit orientée vers l'activité.

La paresse constitue un péché singularisé par une force d'inertie affectant les membres du corps. Elle génère une paralysie de la volonté. Dans ce cas, l'âme (« *psukhé* ») est imprégnée du désir de ne rien faire. La paresse cultive même un sentiment d'incapacité à la longue si la victime n'y prend garde.

L'immobilisme va occasionner le sommeil, l'endormissement de l'activité cérébrale, voire spirituelle. Elle empêche l'éveil, tend à assoupissement et entrave le réveil spirituellement parlant.

A l'inverse, la fourmi n'est pas du genre à se relâcher dans son travail ou à se coucher (« *shakab* »). Elle ne se laisse pas emporter par le sommeil (« *shenah* »)[19]. Celui qui croise (« *shibuq* ») les mains, entrelace la paresse, littéralement, « un peu de sommeils, un peu d'assoupissements, un peu de repliement des mains pour se

---

[15] - Proverbes (*Mishlei*), 19, 15 à propos de la torpeur ; Ecclésiaste (*Qoheleth*), 10, 18 à propos de l'affaissement de la charpente.
[16] - Proverbes (*Mishlei*), 31, 27 au sujet de la femme vertueuse qui ne mange pas le pain de la paresse.
[17] - Juges (*Shoftim*), 18, 9.
[18] - Proverbes (*Mishlei*), 6, 6 - « *Lekh el nemalah atsel* ».
[19] - *A contrario*, Proverbes (*Mishlei*), 6, 9.

coucher »[20]. Le texte originel emploie les pluriels « sommeils » (« *shenot* ») et « assoupissements » (« *tenumot* ») exprimant une pluralité, donc une répétition, une habitude produisant une inactivité de mains repliées dans le but de se coucher, de se prélasser.

En somme, il ne fait rien ou exprime sa volonté de ne rien faire. « *Shibuq* » vient de « *shabaq* » signifiant « étreindre », « embrasser », « entrelacer » et « croiser les mains dans l'oisiveté »[21].

Dans ces conditions, il est extrêmement difficile de faire confiance à un paresseux car il risque de ne pas faire ce qui lui est demandé. Celui qui l'envoie risque de le regretter amèrement d'où les images du « vinaigre dans les dents » et de la « fumée dans les yeux »[22]. Le vinaigre dans les dents est aigre, crée de l'amertume, la désolation, la tristesse, la déception. La fumée dans les yeux provoque des picotements empêchant l'ouverture convenable des yeux et, par conséquent, de bien voir.

Le paresseux peut désirer quelque chose, mais il n'aura rien pour son être (« *vo ayin nafsho* »). En revanche, « l'être des diligents engraisse » ce qui veut dire que l'énergique, le diligent sera comblé et obtiendra nécessairement ce qu'il désire[23]. Au surplus, l'engraissement, le manque d'activité favorisent à terme la maladie. L'oisiveté n'est pas un signe de bonne santé physique et spirituelle.

---

[20] - Proverbes (*Mishlei*), 6, 10 ; 24, 33.
[21] - Ecclésiaste (*Qoheleth*), 4, 5 concernant l'insensé croisant ses mains et dévorant sa chair : « *hakesil shabaq et yada'v veokel et besaro* ». Une personne qui croise les mains ne fait rien et, à force de rester ainsi, va puiser dans sa propre réserve au point de perdre de la masse corporelle. Il s'agit là du seul verset pour lequel « *shabaq* » se réfère à « croiser les mains ». Dans les autres versets où il se trouve, il s'agit d'embrasser.
[22] - Proverbes (*Mishlei*), 10, 26.
[23] - Proverbes (*Mishlei*), 13, 4.

Parmi les nombreuses incidences de la fainéantise, il y a le fait pour le paresseux de plonger sa main dans le plat et de ne pas la faire revenir dans sa bouche[24]. Cela signifie trois choses.

Primo, celui qui ne travaille pas ne mange pas. *Deuzio*, le fainéant a tendance à se considérer comme étant toujours fatigué, argument sorti pour ne rien faire et pour laisser faire les autres à sa place. Il aura une sensation de fatigue continuelle. A force d'user de l'argument de la fatigue, l'individu risque d'être imprégné par ses propres paroles qui sont, de ce point de vue, une forme de paroles de malédiction sur lui-même. Alors, ces dires vont se transformer en un état d'âme durable si l'intéressé ne se ressaisit pas. *Tercio*, le paresseux n'a pas la volonté nécessaire pour aller jusqu'au bout de son objectif. Ainsi, le plat est déjà préparé, il plonge sa main, mais ne peut la faire revenir à sa bouche, parce qu'il est fatigué[25].

Le paresseux n'a pas conscience de l'effort d'autrui. Il se positionne plus dans une logique de jouisseur sans lever le petit doigt. Il ne tient pas compte du temps de préparation et sa demande, au moment de la moisson, sera vaine[26]. A l'arrivée de l'automne, la préparation est essentielle pour anticiper la venue de l'hiver. Il faut chercher et trouver de la nourriture en vue de la constitution d'une épargne utile à la survie comme ferait la fourmi. Au lieu de cela, il est resté oisif.

De surcroît, au travers d'une mise en garde, la parole de *Dieu* souligne l'existence d'une loi spirituelle voulant que ce qu'une personne a semé, il le récolte[27]. Cela est valable en matière de récolte agricole, dans les relations humaines, dans le domaine spirituel. S'il s'est préparé à temps pour la récolte, il bénéficiera pleinement du fruit de son travail.

---

[24] - Proverbes (*Mishlei*), 19, 24.
[25] - Proverbes (*Mishlei*), 26, 15.
[26] - Proverbes (*Mishei*), 20, 4.
[27] - Galates, 6, 7.

Aussi, importe-t-il de connaître les temps et les saisons pour savoir ce qu'il convient de faire en son temps. Celui qui n'a rien préparé avant l'arrivée de l'hiver risque d'être totalement dépourvu car la sagesse consiste à connaître les temps à chaque étape de la production. Il y a un temps pour semer, un temps pour laisser croître et, une fois le fruit arrivé à maturité, un temps pour la récolte à savoir pour recevoir le fruit de son travail.

En revanche, le fruit du travail n'existe pas quand on n'a pas travaillé. Dans ses trois dimensions, la volonté de fainéant est souillée. Sur le libre arbitre (liberté de choix), il n'a même pas envie de choisir ce qui est bon pour lui. Concernant l'esprit de bonne volonté, il ne cherchera même pas à mettre les moyens pour entrer dans sa destinée. Sur le désir, il n'a pas d'inclination, d'amour du travail.

Dans ce dernier cas, le refus de travailler de ses mains fait que le désir du paresseux (celui de ne rien faire) le fait mourir[28]. Une personne oisive risque de ne pas voir ses désirs satisfaits. Ne travaillant pas, elle risque de ne pas manger et de mourir de faim. Le désir de végéter conduit l'être humain à la mort pour la simple raison que le fruit de son travail n'existe pas.

La mendicité menace celui qui persiste dans un comportement indolent. Si le *Psalmiste* indique n'avoir jamais vu le juste abandonné ni sa descendance recherchant du pain[29], on pourrait légitimement être amené à se demander si, dans certaines circonstances, la mendicité ne procède pas de la commission d'injustices. Mais, il arrive aussi que les aléas de la vie puissent conduire à une telle situation.

Dans son mode de fonctionnement, le fainéant va chercher toutes les excuses possibles pour ne pas travailler. A ce propos, la bible prend les exemples d'arguments farfelus.

---

[28] - Proverbes (*Mishlei*), 21, 25.
[29] - Psaumes (*Sepher Tehillim*), 37, 25.

Primo, elle déclare : « A dit le paresseux : un lion dehors au milieu des places, je serai tué »[30]. Même si cela n'est pas vrai, il va trouver un argument pour ne pas bouger et rester selon lui dans une situation de protection. En somme, il ne serait pas dévorer par le lion qui se trouverait à l'extérieur. Le fainéant va établir une barrière dans le cadre d'un système de fausse sécurité.

Deuzio, dans un même sens, « A dit le paresseux : une fauve sur le chemin, un lion entre les places »[31]. Même si cela n'est pas vrai, l'argument va être développé plus amplement pour détailler le choix de ne pas agir. Là, il est question de chercher à convaincre l'autre, voire même pour le paresseux à se convaincre soi-même.

La parole de *Dieu* mentionne par ailleurs l'hypothèse d'un homme détenteur d'un champ et qui ne l'exploite pas. Elle conclut qu'il est comparable à celui qui est dépourvu de raison, en hébreux de « cœur » (« *lebh* »)[32]. L'inexploitation de ses potentialités écarte la mise en évidence du don reçu ou sa pleine mesure. Dès lors, le champ reste inexploité et les fruits susceptibles d'en résulter ne se pourraient se manifester. Or, à titre comparatif, une paume de nonchalance (« *kaf relayah* ») produit la pauvreté alors que la main des diligents (« *yad harutsim* ») enrichit[33].

Si le paresseux ne passe pas du temps dans le champ, par contre, après fermeture de la porte, il va rester dans son lit[34]. Le lit n'est pas un lieu de production, mais un lieu pour se prélasser.

Au plan de la vision de lui-même, l'oisif se prend pour ce qu'il n'est pas. Cette distorsion de la vision portée sur lui-même provoque en lui la croyance d'une sagesse

---

[30] - Proverbes (*Mishlei*), 22, 13.
[31] - Proverbes (*Mishlei*), 26, 13.
[32] - Proverbes (*Mishlei*), 24, 30.
[33] - Proverbes (*Mishlei*), 10, 4.
[34] - Proverbes (*Mishlei*), 26, 14.

à ses propres yeux, plus que sept personnes qui répondent avec bon sens[35]. Un fainéant présente la caractéristique d'être imbu de sa personne, prétentieux sans s'en rendre compte. La paresse entraîne forcément une fausse idée du concerné sur lui-même. Le manque de discernement affecte même la façon dont il se voit.

Outre la distorsion de la vision sur soi-même, l'une des répercussions de la paresse est le fait de traîner[36]. L'oisiveté encourage la nonchalance, la résistance à la mise en action, la plainte et la recherche d'arguties pour ne rien faire. La paresse fait tomber dans la torpeur, dans une espèce d'inertie, de nonchalance et produit la faim[37].

L'indolent estime n'avoir tellement rien à faire qu'il finira par s'occuper de choses inutiles, sans intérêt ou de choses qui ne le regardent pas. Il voudra saisir un chien par les oreilles ou un passant en pleine querelle dans une dispute où il n'en a que faire[38]. Ainsi, il risque de se blesser lui-même en plus de n'être pas vraiment à sa place. Si déjà, il est dans son lit au lieu d'être dans le champ, lorsqu'il sort du lit, c'est pour s'adonner à des préoccupations insensées.

Active, la femme vertueuse ne mange pas du « pain de paresse » (« *lehem atselut* »)[39] constitutive d'une nourriture spirituelle négative. Une personne alimentée par la paresse ne s'inscrit pas dans la vertu et ne saurait tenir convenablement sa maison. En plus de cela, la « double paresse » (certains y ont vu les deux mains paresseuses) risque d'entraîner l'écroulement de la charpente avec pour conséquence la déstabilisation de la maison elle-même[40].

Celui qui ne travaille pas ne peut entretenir son foyer de même que celui qui ne fait rien de ses mains ne peut nourrir sa maison. Pour qu'une maison ne s'écroule pas, il

---

[35] - Proverbes (*Mishlei*), 26, 16.
[36] - Juges (*Shoftim*), 18, 9 : « ...*al teatselu* » où l'on retrouve le mot « *atsel* » signifiant « paresseux ».
[37] - Proverbes (*Mishlei*), 19, 15.
[38] - Proverbes (*Mishlei*), 26, 17.
[39] - Proverbes (*Mishlei*), 31, 27.
[40] - Ecclésiaste (*Qohéleth*), 10, 18.

ne faut pas hésiter à se mettre en activité sinon la structure et la fondation risquent d'être ébranlée.

Dans le Nouveau Testament – Si le *Nouveau Testament* ne parle pas explicitement de la fourmi, il indique que le croyant ne saurait être paresseux. Le fainéant évitant le travail à faire ne pourrait recevoir sa récompense.

En grec, « *argos* » et « *okneros* » renvoient aux paresseux.

Primo, l'« *argos* » passe sa journée sans rien faire[41]. Pour éviter d'être inactifs (« *argous* ») et stériles (« *akarpous* ») pour la connaissance de notre *Seigneur Jésus-Christ*[42], il y a des efforts à faire pour joindre à sa foi la vertu, à la vertu la connaissance, à la connaissance la maîtrise de soi, à la maîtrise de soi la constance, à la constance la piété, à la piété l'amitié fraternelle et à l'amitié fraternelle l'amour[43].

Ne sont pas dans une logique de sanctification les personnes, en l'espèce de jeunes veuves qui, inactives (« *argai* »), apprennent à aller dans les maisons et, non seulement inactives, sont aussi bavardes et indiscrètes, disant ce qu'il convient de ne pas dire[44]. Comme pour l'*Ancien Testament*, le *Nouveau Testament* décrit certaines conséquences de l'oisiveté : les incessants déplacements de maison en maison, le bavardage (fait de parler beaucoup), l'indiscrétion (esprit de curiosité malsaine) et les paroles à tort et à travers (paroles de malédiction, blasphèmes...).

Les crétois avaient été traités d'« estomacs fainéants » (« *gasteres argaï* »)[45]. La référence aux panses paresseuses n'est rien d'autre qu'une manière de parler de personnes qui ne pensaient à leur ventre, sans pour autant travailler.

---

[41] - Matthieu, 20, 6.
[42] - II Pierre, 1er, 8.
[43] - II Pierre, 1er, 5 à 7.
[44] - I Timothée, 5, 13.
[45] - Tite, 1er, 12.

Deuzio, « *okneros* » a été employé pour celui qui n'a pas fait fructifier avec intérêt le talent donné, mais qui l'a enterré[46], le nonchalant, celui qui n'a pas l'impulsion ou la volonté nécessaire pour agir, œuvrer. En effet, la parabole des talents montre l'utilité de faire fructifier le don reçu, notamment au bénéfice d'autrui. Le talent (« *talenton* ») n'était rien d'autre que de l'argent d'une valeur de 5 000 à 6 000 deniers. Il y a un bénéfice à exploiter de manière maximale les dons dans la perspective d'une mise en valeur pour le maître. Celui qui avait caché le talent a été traité de « serviteur méchant et paresseux »[47]. Si la méchanceté est un péché, la paresse l'est aussi. Ici, elle se manifeste par le fait d'avoir camoufler ce qui a été donné en vue de la fructification au service ou au profit d'autrui (de *Dieu*).

Or, au plan spirituel, l'apôtre *Paul* indique : « dans le zèle, pas nonchalants, dans l'*Esprit* bouillant, le *Seigneur* servant »[48]. « *Spoudê* » est globalement l'ardeur, le zèle[49], ce qui se fait en hâte, en vitesse, l'empressement[50], le sérieux, l'application, la diligence, les efforts[51] et le fait d'effectuer les choses consciencieusement. Il y a une double logique de rapidité dans la réalisation et de sérieux dans l'application. Il y a également un rejet de toute forme d'inertie, de paralysie grâce aux encouragements générés par la parole de *Dieu*. Le zèle ou l'ardeur atteste d'une évidente volonté de faire.

De même que l'*Esprit* se mouvait au-dessus des eaux[52], de même, l'*Eternel* a créé l'être humain dans une dynamique de mouvement[53]. Pour éviter l'immobilisme, il importe que l'*Esprit* soit bouillant. L'être dans l'action ne s'inscrit pas dans un état

---

[46] - Matthieu, 25, 26.
[47] - Matthieu, 25, 1⁴ et s.
[48] - Romains, 12, 11.
[49] - Romains, 12, 8 ; II Corinthiens, 8, 7 et 8 ; Hébreux, 6, 11.
[50] - Marc, 6, 25 ; Luc, 1er, 39; II Corinthiens, 7, 11 et 12 ; 8, 16 ; Jude, 1er, 3.
[51] - II Pierre, 1er, 5.
[52] - Genèse (*Berechit*), 1er, 2.
[53] - Actes, 17, 28.

d'esprit figé mais tient compte de l'évolution des choses sondée par l'*Esprit*. Le paresseux est plus dans une dynamique de régression.

La terminologie grecque pour le verbe « paresser » est plurielle. D'abord, « *argeo* », c'est être inactif, s'attarder, retarder, trainer, être en retard, avancer lentement. Ensuite, « *okneo* » veut dire « se sentir hésitant », « être lent », « retarder », « tarder », « hésiter »[54]. En effet, l'hésitation constitue l'une des causes de la lenteur à se mettre en action, voire l'absence de mise en action occasionnant la tardiveté. Enfin, « *katheudo* », c'est « tomber de sommeil », « s'endormir » (physiquement ou spirituellement)[55], « céder à la paresse » et au péché.

Enfin, l'apôtre *Paul* a déclaré comment se comporter, à savoir mettre son honneur à vivre tranquilles, accomplir ses propres affaires et à travailler de ses propres mains[56]. Ce sont là deux des caractéristiques de la fourmi. Elle s'occupe de ce qu'elle a à faire sans se mêler des affaires d'autrui. Elle a été programmée pour remplir sa propre mission. Par ailleurs, elle fournira l'effort nécessaire avec les moyens, les capacités, l'énergie, les ressources à sa disposition.

§ 2 - L'activité de la fourmi

La fourmi ne rechigne pas à la tâche. Avec de la bonne volonté, elle va chercher de quoi se nourrir.

L'enclenchement de l'activité – Il n'y a pas de mise en activité sans un esprit de bonne volonté. L'esprit de bonne volonté conduit à la conversion[57] et à la conjugaison des moyens à sa disposition pour concrétiser un vouloir et l'amener à une réalisation

---

[54] - Actes, 9, 38.
[55] - Matthieu, 25, 5 ; 26, 40, 43, 45 ; Marc, 13, 36 ; Ephésiens, 5, 14.
[56] - I Thessaloniciens, 4, 11.
[57] - Esaïe (*Yeshayahou*), 1er, 18.

à partir de l'avoir[58]. Peu importe ce qu'on n'a pas, la bonne intention (« *prothumia* ») existante mène vers un accueil en fonction de ce qu'on a[59]. Par analogie, la fourmi va déployer ses activités avec une bonne intention. L'énergie déployée répondra à un but précis.

Pour l'être humain, la mise en activité dépend fortement, dans certains cas, de la guérison du sentiment d'incapacité[60]. Cet état d'âme peut susciter la culpabilité, la honte *via* un processus de victimisation amenant à accuser l'autre à son tour. Constatons qu'au regard du comportement de la fourmi, celle-ci n'est pas affectée par ces états d'âme paralysants, bloquants.

La recherche – La fourmi est un animal qui ne se contente pas de ce qu'elle a sous la main. Elle ne va pas hésiter à faire les recherches utiles à sa propre subsistance et à celle de la colonie. Or, la parole de *Dieu* enseigne de chercher afin de trouver[61].

La fourmi dispose de la nourriture simplement parce qu'elle va préalablement la chercher là où elle se trouve. Elle mange autant les choses salées que sucrée avec une prédilection pour le sucre. Une fois la recherche faite, elle n'hésite pas à ramener de la nourriture dans la fourmilière dans une attitude de service.

L'activité individuelle de la fourmi répond à une finalité collective. C'est animal social agissant pour la collectivité. Le mauvais caractère est banni. Son sens social est d'ailleurs un exemple à méditer pour l'être humain.

De plus, la fourmi se nourrit en fonction de ce que lui permet d'avoir la providence. Cela est une autre illustration de ce que, dans sa recherche de nourriture, l'homme doive dépendre de *Dieu*. Pour ce faire, il importe qu'il demande, en appliquant le

---

[58] - II Corinthiens, 8, 11.
[59] - II Corinthiens, 8, 12.
[60] - II Corinthiens, 3, 4.
[61] - Matthieu, 7, 7.

Notre Père, le pain nécessaire (de ce jour, quotidien ou du lendemain selon les versions)[62]. Cette sollicitation est, chez l'homme, une requête d'ordre spirituel et matériel. Ainsi, l'homme devra-t-il demander la parole, la révélation de celle-ci et ce qui est utile à sa subsistance quotidienne.

La traceuse de chemin – La fourmi fait son chemin[63]. Elle ne se préoccupe pas de ce qui ne souscrit pas à son objectif. Elle va directement à l'essentiel. Devant les difficultés, elle persévère en cheminant sur les feuilles, sur le sol, sur les murs, sur les toits, sous les plafonds. Au surplus, elle semble n'avoir aucune limite quant à son positionnement.

La capacité de la fourmi à adopter des positions inimaginables réside dans le fait qu'elle possède des griffes dans chacune des pattes. Entre les griffes terminales, il y a un coussinet minuscule couvert de poils qui sécrètent un liquide adhésif permettant à l'insecte de se déplacer sur des surfaces lisses ou très pentues. Peu importe la configuration du terrain. Par contre, « le chemin du paresseux est comme une haie d'épineux et le sentier des hommes droits est tracé »[64]. Le fainéant va être bloqué au moindre obstacle, risque de battre en retraite. Quand viendra les difficultés, il aura tendance à ne pas vouloir les surmonter.

Animal tout terrain, la fourmi trace son chemin en travaillant la matière qui peut être la terre ou le bois. Dans le premier cas, elles constituent des galeries souterraines en creusant des cavités dans le sol pour leur permettre d'y circuler, d'aller en profondeur pour éviter d'être à la surface de la terre, notamment en période d'hiver, et de stocker les vivres dans un lieu abrité.

---

[62] - Matthieu, 6, 11.
[63] - Proverbes (*Mishleï*), 6, 6.
[64] - Proverbes (*Mishleï*), 15, 19.

Dans le second cas, selon une même approche, la fourmi charpentière (*Camponotus*) creuse, cette fois non pas dans la terre, mais dans le bois. Quant aux fourmis tisserands (*Oecophylla*), elles construisent leurs nids dans les arbres.

Traceuse de chemin, elle est dans une logique constructive, d'édification. Elle construit sa propre habitation comme le croyant doit aussi s'édifier lui-même pour former une maison spirituelle[65].

§ 3 - Les enseignements dans les domaines professionnel et spirituel

La notion de travail est d'autant plus large que la vision qu'une personne peut avoir du travail est double. De plus, la fourmi nous enseigne au sujet des conditions d'exercice de la profession et du travail à fournir pour *Dieu*.

La notion de travail – Le travail est une activité physique ou mentale. Physiquement, il suppose la mise en œuvre d'une énergie à l'instar de l'activité consistant à labourer la terre[66], à exercer la pêche. Ici, il s'agit d'une activité de production. L'activité mentale consiste en une activité intellectuelle.

Au-delà de la distinction entre les activités physique et mentale, il y a aussi les activités spirituelles. *Daniel*, *Shadrak*, *Meshak* et *Abed-Nego* avaient été dotés de sagesse, d'intelligence pour exercer leurs activités de conseil. L'objectif est d'orienter la décision, de donner une direction, de conseiller le roi…

Néanmoins, certaines activités spirituelles sont détournées de la volonté divine comme la divination, la sorcellerie, la magie, l'invocation des esprits de morts[67]…

---

[65] - I Pierre, 2, 5.
[66] - Genèse (*Berechit*), 2, 15.
[67] - Deutéronome (*Devarim*), 18, 10 et s.

Tandis que ces activités produisent la mort spirituelle, en revanche, la fourmi exerce une activité bénéfique tant pour elle que pour la colonie.

Par ailleurs, certaines personnes dans la bible ont subi des évolutions de carrière, comme on voit aussi les fourmis évoluer dans le cadre de leurs activités. *Mosheh* était d'abord prince en *Egypte* avant de paître des brebis et d'être prophète et dirigeant du peuple par la suite. *Néhémie* fut d'abord échanson avant d'être gouverneur[68]. *Pierre* et *André* furent pêcheurs de poissons avant de devenir pêcheurs d'âmes[69].

Le travail est l'activité nécessaire pour arriver à un résultat, le résultat de ce travail, à savoir un ouvrage (construction d'un bâtiment, d'un pont, d'une digue, réalisation d'un livre…), l'activité professionnelle rémunérée et le fait pour une femme enceinte d'être en train d'accoucher.

La bible dit que ce que ta main trouve à faire, fais-le. L'*Eternel* bénit le travail de celui qui obéit[70]. Mais, il ne faut pas oublier non plus que *Dieu* fait lever le soleil sur les méchants et sur les bons et fait pleuvoir sur les justes et sur les injustes[71].

Il faut bien comprendre qu'il existe une justice pour le travailleur. Ce dernier reçoit une récompense[72] à l'instar du laboureur peinant pour recevoir la part des fruits[73]. La moisson est la récompense du travail fourni.

Quant à elle, la fourmi ne sème pas, mais ramasse et met dans la fourmilière. On a l'exemple des fourmis moissonneuses qui amassent les graines sauvages et cultivées dans les greniers souterrains. Les adultes (ouvrières et guerrières) décortiquent et

---

[68] - Néhémie, 1er, 11 ; 5, 15.
[69] - Matthieu, 4, 18 et 19.
[70] - Deutéronome (*Devarim*), 2, 7 ; 28, 12 ; 30, 9..
[71] - Matthieu, 5, 45.
[72] - I Corinthiens, 3, 8.
[73] - II Timothée, 2, 6.

mâchent chaque grain pendant plusieurs heures de façon à obtenir une pâte comestible.

L'oiseau ne sème, ni ne récolte (moissonne) et n'assemblent pas dans les greniers, mais le *Père* céleste les nourrit[74]. Par conséquent, il y a plusieurs modalités pour le *Créateur* de nourrir les animaux. S'il existe des différences entre l'activité humaine et l'activité animale, il en est de même entre les activités animales.

Dans cette dynamique, l'*Eternel* bénit l'activité spirituelle en lui et bénit l'activité professionnelle conforme à sa volonté. En effet, certaines activités professionnelles ne sont pas compatibles avec la *Parole de Dieu* telles les activités de divination, de prostitution, de commercialisation de cigarettes.

Ainsi, alors que *Pierre* avait passé toute la nuit à pêcher et qu'il n'avait pris aucun poisson, *Jésus-Christ* lui fournit une aide substantielle sur le fondement de sa parole, bénissant l'activité professionnelle de l'intéressé tout en lui montrant qu'il est capable de subvenir à ses besoins[75].

Par ailleurs, quand un individu exerce une activité professionnelle, il doit solliciter l'aide de *Jésus-Christ* dans ce cadre. L'humilité consiste à requérir le pain quotidien, conformément au « *Notre Père* ». Lorsque *Dieu* donne la réponse, il est important de le remercier, en témoignage de sa gratitude envers le *Créateur*. On remercie avant, pendant et après la récolte.

La vision du travail – La vision qu'une personne a du travail peut susciter ou annihiler la volonté de travailler. Il existe une vision positive et une vision négative du travail.

---

[74] - Matthieu, 6, 26.
[75] - Luc, 5, 5 et 6.

Il s'agit :

- d'agir sur une chose de manière à lui donner une forme, à la rendre utile. Ainsi, il a fallu que *Dieu* donne une forme à ce qui, au départ, n'avait aucune existence parce que s'il n'y avait pas la terre, il n'y aurait pas eu non plus d'être humain ;
- de chercher à instruire et à acquérir de la connaissance. Le travail scolaire, l'instruction sont nécessaires pour pouvoir étudier en vue de l'exercice d'une activité. De même, les didascales ou docteurs (« *didaskalos* », « *nomikos* ») sont utiles à l'enseignement de la parole de *Dieu* ;
- d'exercer une influence par un effort soutenu ;
- de faire un effort pour arriver à un résultat utile ;
- d'exercer un métier ;
- de s'exercer physiquement et intellectuellement ;
- de rapporter des intérêts, des revenus ;
- de déformer sous l'effet de forces diverses.

Dans le cadre de l'œuvre de la création, *YHWH-Elohim* n'est resté inactif. L'organisation des « mondes » (« *aionas* ») (de l'univers) s'est faite par la parole de *Dieu*[76]. C'est pourquoi l'*Eternel* inscrit l'être humain dans le travail en le plaçant dans le jardin d'*Eden* pour le cultiver et le garder[77]. Il avait, aux plans terrestre et spirituel, des fonctions à remplir.

D'après le Psaumes, 128, constituant un des « *shir hama'aloth* », il est une bénédiction pour l'homme qui craint *YHWH*. Selon le verset 1er, « la fatigue des paumes » (travail de ses mains) fournit de quoi manger ce qui est bonheur (« *asher* ») et bon (« *tobh* ») pour lui.

---

[76] - Hébreux, 11, 3.
[77] - Genèse (*Berechit*), 2, 15.

Néanmoins, selon la vision négative, le travail renvoie à la souffrance, parfois à la maltraitance. On n'a qu'à voir l'origine latine du mot « travail ». Le bas latin parle de « *tripaliare* », c'est-à-dire « torturer », « tourmenter ». Cette conception infernale se trouve renforcée quand on sait que « *tripaliare* » est dérivé de « *tripalium* », « machine de torture », « machine à trois pieux » (« *tri* » et « *palus* »).

Mais, sans aller jusqu'à l'instrument ou l'acte de torture, le péché de l'être humain lui donna à travailler plus durement, même si, dès l'origine, il devait déjà travailler[78]. Désormais, avec douleur, il mangerait du sol tous les jours de sa vie.

Au-delà de cet état de fait, l'histoire biblique a été émaillée de dominations esclavagistes dont l'illustration la plus fameuse est celle de *Phareoh*. La souffrance causée par un régime de torture physique et mentale était plus virulente en cas d'alourdissement de la charge de travail.

On peut alors comprendre pourquoi, dans certaines sociétés post-esclavagistes, il y a, chez certains, une tendance à ne pas vouloir travailler. C'est-à-ce demander s'il n'y a pas un traumatisme ancestral du fait d'ancêtres ayant vécu l'esclavage.

La matérialité des liens esclavagistes non guéris dans certaines sociétés ayant connu sur leur territoire l'esclavage conduit certains descendants à ne pas vouloir travailler, entrant dans un système d'oisiveté, de nonchalance au travail et ayant une conception négative du travail. Parce qu'ils perçoivent le travail en lui-même comme un joug de servitude, ils ne voudront pas faire l'effort nécessaire pour faire fructifier l'entreprise dirigée par un patron. Ils seront plus dans une logique de conflit avec le patron que de construction.

---

[78] - Genèse (*Berechit*), 3, 17.

C'est d'ailleurs la raison pour laquelle nombreux sont ceux privilégiant exagérément le système d'allocations par rapport au travail, permettant à la paresse de trouver écho.

En venant à *Christ*, les personnes atteintes de ces liens ancestraux esclavagistes pourront expérimenter le verset : « Pour la liberté, *Christ* nous a libérés. Tenez bon donc et ne vous mettez pas sous un joug d'esclavage »[79].

La délivrance concernerait le rapport au travail, la conception du travail, les relations entre syndicalistes et patrons au regard de la violence parfois manifestée. Certaines revendications dénotent des états d'âme non guéris tels le sentiment de rejet, la colère inhérente au sentiment d'injustice, au ressenti du mépris patronal... Les uns et les autres s'accusent mutuellement, ce qui atteste de l'existence d'œuvres de la chair et de liens de malédiction. Quand un travailleur est peu enclin à travailler, c'est parfois en référence à un lien historique (passé colonial, esclavage...), notamment pour les originaires de sociétés post-esclavagistes.

Dans ces conditions, comment une personne peut-elle voir le travail et le fruit de son travail comme une bénédiction ? Comment peut-elle avoir une bonne conception du travail si le seul fait de travailler est vécu comme de l'esclavage ? Pourtant, la vision positive fait voir qu'il y a dans le travail une gratification, une rémunération en contrepartie du travail ainsi que la satisfaction du travail accompli.

Quant à elle, la fourmi n'est pas atteinte par de telles altérations psychiques et spirituelles. L'observation de cet animal montre qu'il ne rechigne pas à la tâche ni ne se relâche pas. Il est libre d'exercer son activité sans entrave.

Les conditions d'exercice d'une profession – La bible enseigne les conditions dans lesquelles s'opère un travail. Elles doivent s'établir dans le cadre de la loyauté, de la

---
[79] - Galates, 5, 1er.

vérité, de la confiance mutuelle et du respect de ses obligations les uns envers les autres.

Le travail s'inscrit dans le cadre d'un contrat comportant des clauses définissant les modalités de l'accord. Ces clauses déterminent les conditions d'exercice de l'activité professionnelle en en précisant notamment la durée, le salaire convenue.

A ce propos, la parabole relative aux ouvriers enseigne sur les modalités d'un contrat de travail. Le « maître de maison » (« *oikodespote* ») dispose de la compétence pour embaucher (« *misthosasthaï* ») des ouvriers (« *ergatas* ») dans sa vigne[80]. De là, découlent plusieurs choses.

Primo, le choix de l'ouvrier relève du pouvoir de décision du propriétaire de l'entreprise. Il s'agit d'un acte d'autorité de l'employeur. Si l'embauche constitue un acte d'engagement, il est aussi un acte consenti par l'employé. Dans ces conditions, le contrat synallagmatique oblige les deux parties. Le responsable emploie une personne pour une tâche bien déterminée dans le cadre d'un prix négocié, le champ d'activité étant défini[81]. Le cadre contractuel permet la définition d'un accord entre un patron et un ouvrier. Cet accord détermine des exigences propres à chacun.

Deuzio, en matière de fixation du prix, il y a des principes qu'il importe de respecter. Le salaire est en principe décidé par le patron, convenu par négociation et tient compte de la réglementation en vigueur.

Si un patron décide de donner le même salaire pour tout le monde, conformément à l'engagement pris et indépendamment de la durée, il peut le faire selon la *Parole de*

---

[80] - Matthieu, 20, 1er.
[81] - Matthieu, 20, 2.

Dieu[82]. Le patron tiendra compte des termes de l'engagement. L'entente sur le prix dépend du consentement donné.

En conséquence, le patron (maître dans la bible) ne saurait donner moins que convenu. Il existe pour l'employeur une obligation de payer correctement le salarié. Le non-respect de cette exigence créerait une injustice avec le risque pour l'employeur injuste d'être en malédiction s'il fait travailler les autres pour rien, sans donner de salaire[83].

Si le patron veut différencier les salaires en fonction des compétences particulières, de la nature de l'activité, de sa dangerosité ou de la durée de ce travail, selon des critères objectifs, il est libre de le faire selon l'autorité dont il dispose. Cependant, il doit traiter son salarié avec justice et équité[84].

Outre la rémunération fixée à fournir au travailleur, il faut comprendre que l'ouvrier mérite son salaire. Il s'agit pour le patron d'un dû et pour l'employé de recevoir une juste récompense pour le travail effectué.

Tercio, en contrepartie du prix, si le salarié s'est engagé à fournir sa force de travail pour une durée déterminée, il doit honorer son engagement au sujet de cette force fournie et de la durée d'exercice de l'activité. Le respect du salarié envers l'employeur consiste à ne pas voler le patron et à agir loyalement envers lui. Dans le cas contraire, le patron s'associe à un voleur, frère d'un destructeur.

Faire son travail est un signe de respect du salarié envers son employeur. L'ouvrier doit effectuer son travail en toute simplicité de cœur, en craignant le *Seigneur*, non en désirant plaire à un homme[85]. De surcroît, faire convenablement son travail, sans

---

[82] - Matthieu, 20, 3 à 14.
[83] - Jérémie (*Yirmeyahou*), 22, 13.
[84] - Colossiens, 4, 1er.
[85] - Colossiens, 3, 22.

rechercher la reconnaissance du patron, révèle une qualité essentielle : une conscience professionnelle telle que l'ouvrier exécute l'ordre de son patron convenablement, sans contester[86].

Cette conscience professionnelle témoigne de la fidélité dans la sphère professionnelle. Voyant l'intérêt de son patron, non son intérêt personnel, le salarié devrait agir dans l'amour, avec une logique de service, non de servitude. La parabole des talents montre que l'ouvrier a l'obligation de faire fructifier les intérêts de l'employeur sans s'inscrire dans une contestation permanente vis-à-vis de lui. Le salarié doit respecter les horaires de travail, fournir la force de travail assignée, remplir ses fonctions de manière à ce que le témoignage de *Christ* ne soit pas altéré.

Quarto, outre les obligations inhérentes à la nature du contrat, travailleurs et patrons ont chacun, pour leur part, l'obligation de respecter les règles édictées par les autorités dans le cadre du droit du travail et s'imposant aux parties[87].

Quinto, au-delà du droit du travail, règles des nations régissant les relations de travail, la bible met en avant le droit au travail, exigence de la parole de *Dieu*. Le travail était une activité bénie car, avant même que l'être humain ait péché, *YHWH-Elohim* avait fait de l'être humain un cultivateur et un gardien[88]. Mais, ce qui a changé avec le péché, c'est la douleur inhérente à l'activité de subsistance tous les jours de sa vie[89].

En somme, l'*Eternel* regarde aux conditions de travail en vérifiant si l'activité est sanctifiée. Elle est par le respect des conditions de l'accord, par le respect des autorités édictant les règles, par le respect de la parole de *Dieu*.

---

[86] - Luc, 17, 7 à 10.
[87] - Romains, 13, 1er et s.
[88] - Genèse (*Berechit*), 2, 15.
[89] - Genèse (*Berechit*), 3, 17.

L'injustice dans le cadre des relations professionnelles se caractérise soit par le fait que le salarié ne respecte pas ses obligations envers le patron qui, du coup, serait en droit de le licencier, soit par le fait que le patron ne respecte pas les siennes envers le salarié. C'est dans ce cadre que se développent malheureusement les conflits entre patrons et salariés dans la mesure où, de part et d'autre, il y aurait des manifestations de colère, d'indignation impliquant nécessairement la guérison des cœurs et le pardon.

Les conditions d'exercice de l'activité pour Dieu – Le *Seigneur* travaille avec ses disciples[90]. *Timothée* travaillait, comme l'apôtre *Paul*, à l'œuvre du *Seigneur*[91]. Parmi les qualités requises de ceux qui travaillent pour le *Seigneur*, il y a l'exigence de veiller, de se maintenir dans la foi, d'être un homme de force[92].

L'objectif n'est pas de travailler pour la nourriture qui périt, mais pour celle subsistant éternellement[93]. La surabondance dans l'œuvre du *Seigneur* est requise sachant que la peine liée à l'effort n'est pas vaine dans le *Seigneur*[94].

Quand une personne bâtit, il a à le faire avec le *Seigneur*[95]. Travailler avec quelqu'un implique une collaboration, une synergie en vue d'une action commune. Ainsi, l'apôtre *Paul* a requis de travailler de mieux en mieux dans le *Seigneur*[96]. *Timothée* a reçu l'exemple de l'apôtre *Paul* pour en faire autant dans l'œuvre du *Seigneur*[97]. Il s'agit de travailler avec *Dieu* en faisant le bien[98].

---

[90] - Marc, 16, 20.
[91] - I Corinthiens, 16, 10.
[92] - I Corinthiens, 16, 13.
[93] - Jean, 6, 27.
[94] - I corinthiens, 15, 58.
[95] - Psaumes (*Tehillim*), 127, 1er.
[96] - I Corinthiens, 15, 58.
[97] - I Corinthiens, 16, 10.
[98] - Ephésiens, 4, 28.

Comme la fourmi travaille en combattant, l'apôtre *Paul* a déclaré le faire en combattant[99]. Il y a un honneur pour le travailleur dans le *Seigneur*[100]. Le ministre de *Christ* travaille pour le *Seigneur*. L'amour lui-même est capable d'effectuer un travail au-dedans d'un individu[101]. *Dieu* n'est pas injuste pour oublier le travail qu'une personne a réalisé pour lui[102].

Section II – Les qualités dans le travail

L'observation de la fourmi autorise la constatation des qualités suivantes : la minutie (§ 1) et la persévérance (§ 2).

§ 1 - La minutie

La fourmi est un animal extrêmement méticuleux. L'origine latine de l'adjectif « *meticolosus* » signifie « craintif ». Il est vrai que, quand il y a un danger, la fourmi folle aura tendance à le fuir. Le terme est dérivé du latin « *metus* » voulant dire « crainte ».

Si cette fourmi est inoffensive, ce n'est pas le cas de toutes les fourmis. La plupart, n'exprimant aucune crainte, sont même particulièrement agressives et prêtes à affronter les situations les plus délicates, parfois au péril de leurs vies.

Bien plus, le terme « méticuleux » a évolué dans le temps. Le méticuleux est celui qui fait preuve de beaucoup de minutie, qui apporte un grand soin et une grande attention aux détails dans l'accomplissement de ses tâches. Il y a donc là une logique de rigueur.

---

[99] - Colossiens, 1er, 29.
[100] - I Thessaloniciens, 5, 12.
[101] - I Thessaloniciens, 1er, 3.
[102] - Hébreux, 6, 10.

Or, la bible nous dit, selon une parole digne de foi que « si quelqu'un aspire à l'épiscopat (la charge d'évêque), il désire une belle œuvre »[103]. Celui qui travaille pour le *Seigneur* doit aspirer à une œuvre excellente. De même que, dans tout ce qu'on a à faire dans le quotidien, il importe de faire les choses convenablement. La fourmi ne bâcle pas son travail. Elle montre de l'assiduité, de la persévérance dans son action et ne se laisse pas abattre par le découragement.

§ 2 - La persévérance

Dans la dimension spirituelle, la persévérance implique un second souffle. Elle suppose le courage et l'endurance.

Le courage – Le courage constitue une qualité essentielle de la fourmi. Ne se posant pas de question, elle fait ce qu'il y a à faire. Sortant de la fourmilière, elle va rechercher de la nourriture dans l'optique de la venue de la saison mauvaise.

<u>*La notion de courage*</u> - Le courage est la force d'affronter une situation pénible, difficile, les revers, les circonstances difficiles, les dangers.

En hébreu, le mot « *hazaq* » renvoie à la force. L'idée est de se montrer fort dans des situations pénibles. Dans ces conditions, les faiblesses de l'âme sont bannies. Il implique le fait d'avoir du cœur (« *lebaath* »). Le courage consiste à mettre son cœur à l'ouvrage indépendamment des circonstances. Le verbe « *'amats* » en hébreu veut dire « être fort », « alerte », « courageux », « solide », « brave », « rendre ferme », « être déterminé », « affermi », « montrer sa force ».

---

[103] - I Timothée, 3, 1er.

Devant le complexe d'infériorité de *Guideon*, l'*Ange de l'Eternel* lui a dit d'aller avec la force dont il disposait[104]. Dans d'autres passages bibliques, il fallait s'encourager et mobiliser ses forces pour conquérir les territoires promis[105], sanctionner le violeur de *Tamar*[106], bâtir la maison de l'*Eternel*[107], faire face à une ennemi[108] et être fortifié comme le fut *Daniel*[109].

En grec, « *aretê* » est une vertu stoïque. Le mot « *tharreô* » est une expression de confiance[110]. Le courage permet de dire que le *Seigneur* est mon secours et je ne craindrai pas car que peut me faire un homme[111] ?

A plusieurs reprises, *Jésus-Christ* a demandé à certaines personnes, dans des conditions particulières, notamment en vue de la guérison, de prendre courage (« *tharseô* »). Il le dit à propos de la femme ayant la perte de sang[112], d'un aveugle ayant sollicité la vue[113], de la victoire sur le monde malgré les afflictions[114].

Ainsi, importe-t-il de ne pas perdre courage dans le cadre ministériel ou lorsque *Dieu* fait un travail intérieur en l'homme alors que son extérieur se détruit[115].

<u>La perte de courage</u> – Chez les hébreux, la perte de courage est exprimée au travers d'un cœur fondu. Chez les grecs, elle est volontiers perçue comme une fatigue dans l'âme.

---

[104] - Juges (*Shoftim*), 6, 14.
[105] - Josué (*Yehoshua*), 1er, 6, 7 et 9.
[106] - II Samuel (*Shemouel*), 13, 28.
[107] - I Chroniques, 22, 13 ; 28, 20.
[108] - II Chroniques, 32, 7.
[109] - Daniel, 10, 19.
[110] - II Corinthiens, 5, 6 et 8.
[111] - Hébreux, 13, 6.
[112] - Matthieu, 9, 22.
[113] - Marc, 10, 49.
[114] - Jean, 16, 33.
[115] - II Corinthiens, 4, 1er et 16.

Dans la bible hébraïque, le fait de perdre courage signifie faire « fondre le cœur »[116]. Le cœur s'amollit dans le sens de « flancher ». Face au risque qu'un homme craintif contamine d'autres, il faudrait l'écarter afin d'éviter de faire « fondre le cœur » de son frère comme son cœur[117].

Le cœur fondu génère une perte de foi. La personne concernée aura l'impression que son cœur ne la soutient plus. Le découragement consiste en une défaillance, un désarçonnement du cœur. Il annihile la capacité d'action, bloque l'initiative. Le cœur en défaillance ne supporte plus et finit par lâcher dans le sens où l'abattement y nait.

Devant le découragement, il convient de se fortifier[118], d'être ferme[119], de parler à soi-même[120] et d'être en paix[121]. Le courage est en vue de l'action[122].

Cette exigence de courage existe dans le *Nouveau Testament*. Dans le cadre ministériel, l'apôtre *Paul* a pu affirmer « nous ne perdons pas courage » (« *ouk égkakoumen* »)[123]. Or, on connaît son courage devant la morsure d'un serpent, dans les coups, les prisons, les émeutes, les fatigues, les veilles, les jeûnes[124]…

Le texte grec montre bien que le découragement est une fatigue dans l'âme[125]. C'est un état psychique comportant des incidences spirituelles. Le rédacteur de l'épitre aux hébreux indique bien qu'il faut considérer celui qui a enduré une telle opposition de

---

[116] - Deutéronome (*Devarim*), 1er, 28 ; Josué (*Yehoshua*), 5, 1er à propos des amorites et des cananéens à la vue du miracle fait par *YHWH* au profit de son peuple.
[117] - Deutéronome (*Devarim*), 20, 8.
[118] - Deutéronome (*Devarim*), 31, 6 ; Josué (*Yehoshua*), 1er, 6.
[119] - II Shemouel, 13, 28.
[120] - Lamentations de Jérémie (*Eikha*), 3, 21 et s.
[121] - Daniel, 10, 19.
[122] - Esdras (*Ezra*), 10, 4.
[123] - II Corinthiens, 4, 1er et 16.
[124] - II Corinthiens, 6, 5 et s.
[125] - Hébreux, 12, 3.

la part des pêcheurs « afin que vous ne vous fatiguiez pas dans vos âmes en vous décourageant »[126].

C'est la raison pour laquelle une personne perdant courage en aura assez et manifestera le ras-le-bol et laissera tomber. Il lui faudra alors surmonter cette fatigue psychique en se remobilisant spirituellement.

L'endurance – L'endurance est le fait d'avoir beaucoup de souffle, de pouvoir courir sur une longue distance pendant un long moment.

La persévérance se dit en grec « *upomonen* »[127]. Quand on regarde une fourmi, on constate qu'elle a énormément d'endurance. Elle marche beaucoup, parcourt de longues distances tout en ayant la capacité de soulever une charge plus lourde qu'elle.

Elle a la capacité de résister à des situations climatiques pénibles, à savoir les très fortes chaleurs et s'adapte en fonction de l'évolution des saisons pour ne pas prendre un coup de froid et mourir de la sorte. L'endurance est aussi l'aptitude à supporter une chose dure. C'est spirituellement une expression de l'amour[128].

Section III – La capacité de couper

La disposition de la mandibule à sectionner (§ 1) permettra de mettre l'accent sur la circoncision (§ 2).

§ 1 - L'aptitude de la fourmi de sectionner

---

[126] - « *ina mê kamete taïs psukhais umon ékluomenoi* ».
[127] - Romains, 5, 3.
[128] - I Corinthiens, 13, 7.

En donnant à la fourmi le nom de « *nemalah* », les hébreux ont insisté sur l'une des capacités de la fourmi, celle de couper, de sectionner. Ce terme vient de « *namal* », verbe signifiant circoncire, couper le haut ou les extrémités, devenir coupé, être circoncis, être fauché, retrancher.

La fourmi dispose de mandibules qui sont une cavité buccale constituée de pinces dures et cornées servant à saisir ou à broyer la nourriture. C'est un organe masticatoire. Les mandibules peuvent être utilisées comme des armes, des outils ou être des organes de préhension.

Elle est utile au combat, à la réalisation d'ouvrages comme la fourmilière. Ainsi, la fourmi est à la fois une combattante et œuvre dans la construction. En tant qu'organe de préhension, les mandibules ne lâchent pas facilement la proie ce qui caractérise une ténacité à toute épreuve.

Elles sont extrêmement puissantes. Elles permettent à la fourmi de porter des charges plus conséquentes que sa propre masse corporelle. Par analogie, *Jésus-Christ* porte les fardeaux à partir du moment où une personne décide de les lui laisser[129].

Par autre analogie, le *Saint-Esprit* vient au secours de la faiblesse du croyant lorsque celui-ci ne sait pas ce qu'il convient de demander et intercède par des gémissements inexprimables[130]. Mais, regardons bien, le *Saint-Esprit* va faire exactement avec la personne aidée comme une fourmi. Le verbe grec « *sunantilambanetaï* » se compose de trois mots : « *sun* » avec, « *anti* », contre, se placer à l'opposé et « *lambanetaï* », à savoir supporter. Le *Saint-Esprit* vient littéralement en face de celui qui a besoin d'aide pour porter la charge avec lui et le soulager. Or, les fourmis, avec leurs mandibules, portent conjointement leurs charges dans une dimension d'entraide. Il y a une manifestation de puissance qui s'exprime dans cette aide.

---

[129] - Hébreux, 12, 1er.
[130] - Romains, 8, 26.

Enfin, les plus forts doivent porter les faiblesses des non-forts et ne pas faire ce qui leur plait[131]. Or, la fourmi porte en tenant avec les mandibules. Elle ne cherche pas à faire ce qu'il lui plait, mais va chercher à aider l'autre dans le besoin, en vue de l'édification, dans de la construction, non de la destruction.

Spirituellement, l'aptitude de la fourmi à sectionner rappelle au chrétien l'impératif de couper les liens de malédiction ce qui implique une révélation dans sa vie personnelle afin de, méticuleuse, faire ce travail spirituel avec efficience. Et cela constitue un véritable travail de fourmi.

§ 2 - La question de la circoncision

La circoncision, spirituellement parlant, ne marche pas sans la présence de la croix.

La circoncision - Chez les hébreux, le rituel appelé « *berit milah* » (« alliance de la circoncision ») est réalisé par un circonciseur (« *mohel* »). La circoncision se dit « *mulah* », c'est-à-dire le fait de couper autour et terme retrouvé uniquement dans Exode, 4, 26 dans la bible hébraïque.

Pendant que *Mosheh* effectuait un trajet, *YHWH* le rejoignit et chercha à le faire mourir[132]. *Cippora*, son épouse, comprit ce qui se passait et elle prit un silex (« *tsor* ») et coupa le prépuce de son fils et elle en fit toucher les pieds de *Mosheh* en déclarant qu'il était pour elle un « époux de sangs ». Lorsqu'*YHWH* s'éloigna de lui, elle ajouta « époux de sangs pour la circoncision »[133]. La mort était réservée à *Mosheh* pour n'avoir pas respecté l'alliance de la circoncision. Mais, l'acte d'obéissance de son épouse a fait qu'*YHWH* s'en est allé.

---

[131] - Romains, 15, 1er.
[132] - Exode (*Shemot*), 4, 24.
[133] - Exode (*Shemot*), 4, 26.

La première référence au verbe circoncire (« *muwl* ») se trouve dans Genèse, 17, 10 et le premier circoncis du huitième jour fut *Ishaq*, en signe d'alliance[134]. La circoncision dans la chair était permise pour le peuple juif en signe d'alliance[135].

Dans le grec, la circoncision se dit « *peritomè* » qui a donné péritomiste, le circonciseur. Le mot vient de « *peritemno* » se décomposant de « *peri* » (autour, sur) et de « *tomoteros* » (plus tranchant). Il s'agit de « couper autour », de « découper ».

Dans le latin, la « *circumcisio* » est le fait de « couper autour », la « découpe ».

Déjà, au temps des *Actes des Apôtres*, il y avait une conception religieuse très marquée chez les partisans de la circoncision rejetant ceux qu'ils considéraient comme incirconcis. Il était reproché à *Pierre* d'avoir manger avec des incirconcis[136]. Ce dernier dût expliquer comment il a été ravi en esprit et qu'il lui a été demandé de manger toute espèce d'animaux dont certains étaient considérés chez les juifs comme impurs[137]. Remarquons en parallèle que la fourmi mange de tout, sans distinction.

Désormais, l'acte de circoncision n'est rien[138] et n'a pas de valeur[139]. C'est pourquoi l'apôtre *Paul* évoque la nécessité d'être circoncis d'une circoncision non faite de main humaine dans le dépouillement du corps de la chair, mais dans la circoncision de *Christ*[140]. C'est se séparer de l'impureté, des mauvaises pensées, des convoitises, des mauvais sentiments pour se consacrer à *Dieu*.

---

[134] - Genèse (*Berechit*), 17, 9 à 14.
[135] - Actes, 7, 8.
[136] - Actes des Apôtres, 11, 2 et 3.
[137] - Actes des Apôtres, 11, 4 et s.
[138] - I Corinthiens, 7, 19.
[139] - Galates, 5, 6.
[140] - Colossiens, 2, 11.

La circoncision n'est pas celle qui est visible dans la chair, mais le véritable « juif » l'est dans le secret (« *krupto* »), une circoncision de l'*Esprit* et non de la lettre[141]. A ce titre, la bible indique que *Jésus-Christ* est la vigne véritable et son *Père* le vigneron[142]. Tout sarment (c'est-à-dire un être humain) qui ne porte pas de fruit, il l'enlève et celui qui porte du fruit, il le purifie[143].

Celui qui se laisse émonder porte beaucoup de fruits. En regardant le fonctionnement de la fourmi, on remarque qu'elle est apte à taillader sa proie pour pouvoir se nourrir et pour nourrir les autres. Il s'agit spirituellement de porter un fruit abondant recherché par celui qui agit en *Christ* et qui pourra faire quelque chose grâce à lui[144]. Les fruits recherchés par *Dieu* sont, notamment, le fruit de l'*Esprit*, le fruit de la repentance, le fruit de sainteté, le fruit paisible de la justice.

La circoncision renvoie à la rupture des liens de malédiction dans sa vie. Il s'agit de refuser, comme on l'a vu, toutes les formes de malédictions susceptibles d'empêcher son avancée ou sa percée spirituelle.

La circoncision se singularise par le nécessaire brisement dans le cadre de la crucifixion du moi[145], des œuvres de la chair[146] et du monde[147]. L'influence de la croix est essentielle. Elle permet d'éviter de se justifier au travers de l'acte religieux de la circoncision ou par rapport à l'incirconcision, ce qui serait un motif d'orgueil, et d'être une nouvelle créature[148].

La croix – La croix (« *stauros* ») remplit spirituellement plusieurs fonctions.

---

[141] - Romains, 2, 28 et 29.
[142] - Jean, 15, 1er.
[143] - Jean, 15, 2.
[144] - Jean, 15, 3.
[145] - Galates, 2, 20.
[146] - Galates, 5, 19 à 21.
[147] - Galates, 6, 14.
[148] - Galates, 6, 15.

Premièrement, elle est une forme d'intersection, une croisée des chemins. A la croix, il y a un changement de direction, *Dieu* abolissant la loi pour permettre la prééminence de la grâce. Il s'agit de la transition entre la loi et la grâce.

Deuxièmement, la croix renvoie à la potence, un instrument de condamnation, de châtiment cruel et de torture. Elle était utilisée par les grecs et par les romains, technique empruntée des phéniciens. Les criminels, les voleurs, certains esclaves, les fauteurs de trouble étaient ainsi condamnés.

Si par la croix est venue la condamnation, par elle est aussi venue le salut. Pour celui qui s'est repenti à la croix, *Jésus-Christ* lui a garanti le salut éternel. *Christ* ôte la condamnation pour ceux qui l'acceptent par la foi, permettant alors un changement de direction spirituelle. L'instrument de malédiction devenu instrument de salut autorise la transformation de la malédiction en bénédiction.

Troisièmement, intérieurement, la croix vise à passer du moi à *Christ*[149]. Elle implique un décentrage par rapport à soi pour se focaliser sur le *Seigneur*, pour considérer les besoins d'autrui. Or, cela caractérise bien le comportement de la fourmi, prête à servir l'autre en toute humilité et sans se plaindre.

La croix est aussi la transition entre l'œuvre de la chair et celle de l'*Esprit*. Son rôle est de détruire la fornication, l'impureté, la débauche, l'idolâtrie, la sorcellerie, les haines, les discordes, la jalousie, les accès de colère, les rivalités, les dissensions, les factions, l'envie, les beuveries, les orgies et les choses semblables (fumer une cigarette, consommer de la drogue, s'habiller de manière sexy pour attirer les regards là où *Christ* n'a pas cherché à attirer les regards…)[150].

---

[149] - Galates, 2, 20.
[150] - Galates, 5, 19 à 24.

De plus, la croix vise à casser la mentalité mondaine contraire à la pensée de *Christ*. Avec la croix, le monde, représentant les convoitises de la chair, les convoitises des yeux et l'orgueil de la vie[151], est crucifié pour le croyant comme il l'est pour le monde[152]. C'est à la croix que l'on est transformé, que l'on devient humble et qu'on ne regarde pas à soi-même[153].

Quatrièmement, la croix a une double dimension : la verticalité, à savoir la droiture, l'obéissance, la sanctification d'une part (station debout), et l'horizontalité, c'est-à-dire la compassion, la miséricorde, l'humilité, l'amour d'autre part (bras ouverts).

Cinquièmement, la croix permet le règlement des conflits familiaux et de trouver des solutions opportunes au sein de la famille[154].

Sixièmement, elle encourage le pardon et la réconciliation entre *Dieu* et les hommes, entre les êtres humains[155] ainsi que par rapport à soi-même. Il a réconcilié (« *apokatallaxaï* ») toutes choses pour lui en vue d'établir la paix par le sang de sa croix[156].

Enfin, le langage (« *logos* ») de la croix est une puissance de *Dieu* pour le salut du croyant[157]. Cette puissance se caractérise par le fait que les meurtrissures guérissent le croyant, celui qui vient à *Jésus-Christ*[158]. Le miracle de la croix consiste à ce que les blessures du *Fils de Dieu* servent à la guérison de personnes blessées dans leurs âmes, ce qui ne peut se comprendre en vertu du seul regard humain.

---

[151] - I Jean, 2, 15 et 16.
[152] - Galates, 6, 14.
[153] - Philippiens, 2, 5 à 8.
[154] - Jean, 19, 25.
[155] - Ephésiens, 2, 14 et s.
[156] - Colossiens, 1er, 20.
[157] - I Corinthiens, 1er, 17 et 18.
[158] - Esaïe (*Yeshayahou*), 53, 5 ; I Pierre, 2, 23 et 24.

Chapitre 2 – Les qualités sapientales de la fourmi

Dans Proverbes, 6, 6, *Shelomoh* donne le conseil de considérer les voies de la fourmi. Le verbe hébreu « *ra'ah* » est extrêmement profond. Il a pour sens : voir, regarder, examiner, inspecter, apercevoir, avoir une vision de, observer, apprendre sur le sujet, rechercher, prêter attention à, discerner, distinguer.

Au plan de la vision, il y a à la fois une vision globale et une plus précise, examinant les détails. C'est une observation qui va permettre de faire des distinctions, d'avoir du discernement. Cette étude implique une recherche approfondie des caractéristiques, de son comportement en milieu naturel... C'est ce que *Shelomoh* voulait faire remarquer.

La considération des voies (« *derek* ») renvoie à la route, au chemin, au sentier, à la direction, aux habitudes. Son cheminement permet de déterminer le fonctionnement global ou particulier de cet animal.

Devenir sage (« *chakam* ») est une référence à l'instruction, à l'examen du comportement et au caractère avisé. Il s'agit de recevoir l'enseignement en la matière, d'examiner les comportements et caractéristiques et d'en tenir compte dans sa vie quotidienne afin de mettre en pratique les conseils découlant de cette étude.

A bien observer la fourmi, on constate qu'*YHWH* l'a dotée d'une forme de sagesse[159] constatable à trois niveaux : la faculté d'adaptation (Section I), la capacité de gestion (Section II) et le bénéfice de la patience (Section III).

Section I – La faculté d'adaptation

---

[159] - Proverbes (*Mishlei*), 30, 25.

La faculté d'adaptation de la fourmi se manifeste là encore à trois niveaux : son anticipation (§ 1), sa marche (§ 2) et son aptitude à tomber sur ses pattes (§ 3).

§ 1 - L'anticipation

La fourmi, qui dispose d'une faculté d'anticipation, est sensible à l'évolution des saisons. En comparaison, pour anticiper les évènements, il est bon que le croyant soit sensible à l'*Esprit de Dieu*, c'est-à-dire ait une intuition développée, pour pouvoir discerner les temps et les circonstances.

La capacité à anticiper les coups durs – Pendant que d'autres animaux pourraient se pavaner, la fourmi, elle, se prépare aux temps difficiles. Elle met de la nourriture sur le côté à titre prévisionnel.

Dans son mode opératoire, elle va se préparer pendant l'été, lorsqu'il y fait beau temps. S'organisant dans la perspective de mauvaises circonstances, elle va chercher la nourriture et accumuler les provisions en temps opportun. Cette préparation face à un temps difficile et la recherche d'une abondante moisson sont le signe d'une sagesse préventive[160].

Préparer implique d'être stable, ferme, établi, constant, arrangé, décidé. Cela montre qu'une personne qui se prépare doit remplir un ensemble de conditions. La stabilité émotionnelle et dans ses décisions est nécessaire. La fermeté, c'est lorsqu'on ne bouge pas par rapport à ce qui a été décidé. L'établissement est le positionnement spirituel supposant un ancrage. La constance est le maintien dans de bonnes dispositions spirituelles. Le fait d'être arrangé dénote un impératif d'une organisation avec une vie réglée en tout point. La détermination singularise un état spirituel intégrant, comme la fermeté, la dimension de la foi.

---

[160] - Proverbes (*Mishlei*), 6, 8.

Le meilleur exemple que l'on pourrait donner est celui de *Yosef*. Son intelligence, sa sagesse, son intuition, sa perspicacité étaient des qualités spirituelles importantes qui lui ont permis d'être établi comme autorité sur l'*Egypte*. Cette capacité spirituelle impressionnante a été remarquée dans le don d'interpréter les songes. Non seulement l'interprétation exacte du songe était révélée mais, de plus, ce qu'il disait se concrétisait. Lorsqu'il eût la révélation de sept années d'abondance et de sept années de famine en expliquant à *Pharaon* le songe que ce dernier fit, *Pharaon* le désigna comme ministre de l'*Egypte*[161].

Les décisions qu'il prit en vertu de cette sagesse donné par *YHWH* est bien illustre bien la fourmi. Il fit mettre chaque année un cinquième de la récolte et ce, pendant sept années, pour faire face aux sept autres années de famine prédites.

Durant cette période, les choses n'étaient point évidentes pour le peuple égyptien. Mais, il a survécu parce qu'il était dirigé par un homme rempli de la sagesse de *Dieu*. C'est au point où, lorsque ses frères se présentèrent à lui, sans qu'ils sussent au départ que ce fût lui, *Yosef* subvint aux besoins de sa famille.

Dans un même esprit, sur ordre de *Yehoshua*, il était nécessaire, dans l'optique de passer le *Jourdain* pour prendre possession de la terre promise, de tenir prêtes des provisions[162]. Cette forme de sagesse préventive permet, au travers des préparatifs, dans l'expectative de certains événements, de déployer le sens de la prévision.

Ainsi, le *Chrétien* doit se préparer dans plusieurs domaines, dans le cadre du combat spirituel[163], en voyant les signes de la fin des temps[164], en ayant de l'huile (le *Saint-*

---

[161] - Genèse (*Berechit*), 41, 15 à 42.
[162] - Josué (*Yehoshua*), 1er, 10 et 11.
[163] - Ephésiens, 6, 10 et s.
[164] - Matthieu, 24, 7 ; Luc, 21, 25 et 26.

Esprit) au-dedans de lui eu égard à la parabole des dix vierges[165] et pour la rencontre avec son *Dieu*[166]. Il y a des échéances à terme qu'il convient de ne pas rater. C'est là l'une des finalités de la prévision. A cet effet, elle s'inscrit dans une dynamique eschatologique.

De manière plus simplifiée, *Jean de la Fontaine*, dans sa célèbre fable intitulé la Cigale et la Fourmi, montra la méthodologie de cette dernière. La première, ayant chanté tout l'été, se trouva fort dépourvue quand l'hiver fut venu. La seconde, pendant que la cigale chantait, épargnait pour faire face à la rigueur hivernale et avait de quoi faire face dans les temps difficiles.

On remarque donc que, comme la fourmi, le croyant doit être pourvu d'une intelligence anticipatrice et avoir une intuition développée pour prévenir plutôt que de guérir. Or, l'*Eternel* donne à celui qui le demande de la sagesse et de l'intelligence, comme il le fit pour *Shelomoh*. Si une personne est dépourvue de sagesse, qu'elle le demande auprès de *Dieu* qui va la donner à tous simplement et sans faire de reproche, et cela lui sera donnée[167]. Mais, cette demande doit être faite avec foi, sans hésitation[168].

La connaissance des saisons – La fourmi est sensible à l'évolution des saisons. Elle se prépare pour faire face aux situations les plus extrêmes. Elles ont des aptitudes pour vivre dans des conditions d'extrême chaleur et doivent se protéger en cas d'extrême froideur.

Quand elle a moissonné, elle fait des provisions pour l'avenir. Bien plus, l'hiver est une saison parfois d'une extrême dureté si bien que la fourmi qui sort de terre meurt. Par analogie, *Dieu* veut que le chrétien soit bouillant d'*Esprit* (« *pneumati*

---

[165] - Matthieu, 25, 1er à 13.
[166] - Amos, 4, 12.
[167] - Jacques, 1er, 5.
[168] - Jacques, 1er, 6.

dzéontes »)[169], que le cœur ne soit pas refroidi à cause de l'iniquité[170] dont il a à se préserver, sinon l'*Eternel* vomit celui qui est tiède[171].

Les fourmis préparent leur pain ou leur nourriture en été[172]. L'été est la saison utile pour leur permettre de saisir les opportunités. Pour ce faire, ces animaux renoncent au plaisir pour un temps. En hébreu, « *qayits* » est la saison chaude et la saison de récolte pour ramasser le fruit d'été.

Ce que la fourmi doit préparer, c'est le « *leke'em* », en l'occurrence la nourriture, le pain, le grain. Il s'agit de la ressource première non transformée, dans un état brut, et de l'aliment plus élaboré, indépendamment du stade de transformation.

Le terme « *leke'em* » vient du verbe « *lakham* », à savoir combattre, batailler, manger. Pour manger, il faut se battre car il est question de survie. C'est dans cette logique que s'inscrit la fourmi.

Ainsi, le croyant doit se préparer pour la rencontre de son *Dieu*, dans la perspective de la venue du *Seigneur Jésus-Christ*. *Dieu* aussi, à travers les dispensations, avait prévu des saisons. Il y avait le temps de l'innocence (quand l'être humain n'avait pas péché), de la responsabilité morale (la conscience) suite au péché, le gouvernement humain (l'homme s'est mis à construire des villes…), la foi (avec *Abraham*), la *Torah* (avec *Mosheh*), la grâce (avec *Jésus-Christ*) et enfin le millénium.

Le temps de la grâce permet toujours à chacun de rentrer dans la bergerie jusqu'au moment où la porte de la grâce se fermera, à l'image de la fermeture de la porte de l'arche de *Noah* et de l'impossibilité pour quiconque d'y entrer. La saison pour la

---

[169] - Romains, 12, 12.
[170] - Matthieu, 24, 12.
[171] - Apocalypse, 3, 15 et 16.
[172] - Proverbes (*Mishlei*), 6, 8 ; 30, 25.

grâce n'est pas une saison pour se débaucher, rejeter *Dieu*…, c'est une saison pour entrer dans sa conscience et se convertir.

C'est un temps où *Dieu* « prend patience » (« *makrothumei* »), ne voulant pas que quelques uns périssent, mais tous, « à la conversion faire une place » (« *eis metanoian khoresai* »)[173]. Le texte grec montre bien l'intérêt de l'être humain, au temps de la grâce, de faire place à *Dieu*. Le temps de la grâce est celui où *Dieu* doit reprendre sa place dans le cœur des hommes.

La fourmi elle-même, une fois qu'elle a pris de la nourriture à l'extérieur, retourne à la fourmilière pour la partager avec les autres. A cet effet, le terme hébreu « *'agar* » contenu dans Proverbes, 6, 8 veut dire amasser, rassembler, récolter, recueillir. L'objectif est de collecter cette nourriture en cas de besoin. Le travail se réalise au temps de la moisson, de la récolte « *qatsin* », le mot hébreu signifiant aussi rameau, branche.

On comprend alors l'intérêt pour le chrétien de se nourrit en tant favorable car on ne sait pas comment les évènements peuvent évoluer à l'avenir au vu de ce qui se passe dans certaines nations.

La nourriture récoltée se dit « *ma'akal* » à savoir le manger, les vivres, le fruit, la viande. Peu importe le contenu de la récolte, pourvu que l'approvisionnement soit fait pour pouvoir s'alimenter. Spirituellement, concernant l'être humain, il convient d'emmagasiner la nourriture spirituelle qui est la parole de *Dieu* en prévision de la sécheresse spirituelle qui survient déjà dans certains pays ainsi que dans la perspective eschatologique.

§ 2 - La marche de la fourmi

---

[173] - II Pierre, 3, 9.

On le sait, la fourmi dispose d'aptitudes particulières. Cela se prouve dans leur marche sur un plan horizontal, vertical, oblique, au plafond en adoptant des positions extraordinaires. Elle dispose d'une bonne assise, est dotée de six pattes organisées en trois paires. Ces pattes sont pourvues de griffes garantissant cette stabilité en toutes circonstances et l'adhérence.

Ceci est une démonstration de la solidité de la marche de la fourmi. En hébreu, « *hokmah* » signifiant sagesse, avec pour fondement la solidité. Cette fondation de base n'empêche nullement la conjugaison de la souplesse et de la rigueur.

Les scientifiques ont eux-mêmes admis la capacité des fourmis à résoudre des problèmes complexes dans le cadre de leur marche. Certains tests effectués témoignent, au moment du positionnement d'obstacles devant elles, de leur identification préalable et de leur contournement par elles. Cela veut dire que *Dieu* lui a conféré l'aptitude à contourner certains pièges. A titre comparatif, des pièges sont tendus spirituellement par le diable contre les être humains.

Même dans un contexte difficile, *YHWH* bénit l'œuvre de la main du béni et connaît la marche des siens « dans le désert » afin de pourvoir aux besoins de son peuple qui n'a manqué de subsistance pendant quarante ans[174].

Lorsqu'on regarde deux fourmis en train de porter conjointement de la nourriture, il est à noter une adaptation de la marche de l'une par rapport à l'autre. Cette adaptation intéresse le positionnement du corps et la technique de marche. Les deux portent ensemble, parfois, selon les circonstances, par des rotations, par la latéralité dans le cadre d'une aide mutuelle. On a déjà vu comment le *Saint-Esprit* porte la charge de celui qui a besoin de l'aide de *Dieu*.

---

[174] - Deutéronome (*Devarim*), 7, 2.

Parmi les fourmis, il y a une distinction qui peut être effectuée entre les fourmis nomades et les autres. Généralement, les fourmis habitent durablement dans leur fourmilière se trouvant dans un même endroit. Néanmoins, certaines fourmis pratiquent le nomadisme à l'instar des légionnaires d'*Amérique du Sud* et d'*Afrique*. Dans ces conditions, ils construisent des nids provisoires appelés bivouacs[175].

§ 3 - La capacité de retomber sur ses pattes

L'adresse de la fourmi lui permet de retomber sur ses pattes dans une situation périlleuse. Cet animal témoigne d'une résistance face à l'épreuve. Par analogie, cela montre la possibilité pour le *Seigneur* de tenir le croyant dans la difficulté.

La résistance face à l'épreuve - La fourmi est un animal capable de tomber de très haut et de retomber sur ses pattes sans en être affecté.

Pour l'être humain, au sens figuré, retomber sur ses pieds signifie être d'aplomb, dans une position verticale, stable, retrouver la santé ou être rétabli dans une situation. Par analogie, il y a là plusieurs dimensions spirituelles là.

La première est l'intégrité, la rectitude, la vérité, la droiture. La seconde réside dans la stabilité dans les émotions, les résolutions ce qui suppose de ne pas être flottant. La dernière est le rétablissement, à savoir un positionnement spirituel, la restauration de l'âme et la délivrance spirituelle touchant à la guérison au titre du retour à une bonne santé et au-delà de l'équilibre intérieur, l'équilibre social, familial. Retomber sur ses pieds, c'est épouser tous les aspects du « *shalom* ».

---

[175] - Le bivouac viendrait de l'allemand de *Suisse* « biwacht », en l'occurrence la « patrouille de nuit ». C'est un campement de troupes en plein air sous la tente ou sous des abris improvisés et, par extension, l'installation sommaire en plein air. En bivouaquant, ces fourmis établissent des campements de fortune.

En conséquence, le fait pour la fourmi de retomber sur ses pattes est le signe qu'elle peut sortir victorieuse de l'épreuve. Comparativement, concernant le croyant, la bible parle d'épreuves dans lesquelles on « tombe »[176]. Il existe trois types d'épreuves : celle de la foi[177], celle de qualification[178] et celle de feu[179].

Mais, comme la fourmi s'en sort dans cette épreuve, retomber sur ses pieds dépend du fait que *Dieu* ne permet pas une tentation allant au-dessus de nos forces car, avec l'épreuve, il donne le moyen de s'en sortir[180]. L'épreuve est là pour déterminer l'état de son cœur de l'être humain, son intégrité ou pas par rapport à la parole de *Dieu* et pour lui faire comprendre l'intérêt de se nourrir de la parole de *Dieu*, pas seulement de nourritures terrestres[181].

Si, en français, une nuance est faite entre l'épreuve et la tentation au plan terminologique, dans la langue grecque le même mot « *peirasmos* » concerne les deux et serait même de plus large acception. Lorsque le croyant a une victoire dans une épreuve ou face à la tentation, c'est une manière de retomber sur ces pieds.

Etymologiquement, c'est une expérience, une épreuve, une tentative, un essai, une preuve, une démonstration. L'épreuve est là pour établir une preuve de fidélité, une intégrité, une vertu, une constance de l'homme. De ce fait, c'est une façon de tester. C'est aussi une adversité, une affliction, un ennui.

Outre la mise à l'épreuve, le même terme grec renvoie à la tentation. Il y a des facteurs tant internes qu'externes car c'est un attrait du péché, résultant de désirs internes ou de circonstances extérieures. On y voit la condition des choses, un état de cœur par lequel une personne est attirée, une défaillance de la foi et de la sainteté.

---

[176] - Jacques, 1er, 3.
[177] - Jacques, 1er, 3.
[178] - Jacques, 1er, 4.
[179] - I Pierre, 4, 12.
[180] - I Corinthiens, 10, 13.
[181] - Deutéronome, 8, 2 et 3.

En hébreu, « *massah* » est le désespoir, la tentation, le test, l'épreuve et la preuve[182]. *Massah* est le lieu où les israélites ont tenté l'*Eternel*.

Pour sa part, *Iyov* a été éprouvé dans les trois dimensions : les biens matériels, l'affectif et la santé. L'épreuve lui a permis de comprendre la supériorité de *Dieu* sur toute circonstance. Conséquence : en dépit du fait qu'il a été présenté comme un homme intègre et droit, craignant *Dieu*[183], il dû consentir à se repentir[184] en disant littéralement « je rejette et je regrette sur la poussière et sur la cendre ».

La restauration de sa santé, de ses biens, le fait d'avoir eu d'autres enfants après le décès des précédents, le bénéfice d'une belle longévité ont certifié de ce qu'il est retombé sur ses pieds.

La faculté de relever le croyant défaillant - Le fait pour la fourmi de retomber sur ses pieds quand elle tombe peut avoir une grande incidence spirituelle. Le Psalmiste a écrit : « A cause d'*YHWH*, les pas d'un homme sont affermis et à son chemin, il prend plaisir. S'il tombe, il n'est pas terrassé car *YHWH* soutenant sa main »[185].

Si la fourmi a une marche sûre, *YHWH* va soutenir celui qui se confie en lui au cas où il chancèlerait. La fourmi quand elle tombe n'est pas terrassée, car elle peut poursuivre sa route. Il doit en être de même pour le croyant.

De manière plus particulière, l'*Eternel* a la faculté de relever le serviteur qui tombe en lui faisant tenir debout (« *stênai* »)[186]. Là où il était tombé, il est redressé selon la volonté de *Dieu*.

---

[182] - Deutéronome (*Devarim*), 4, 34 ; 7, 19; 29, 3; Job (*Iyov*), 9, 23; Psaumes (*Sepher Tehillim*), 95, 8.
[183] - Job (*Iyov*), 1er, 1er.
[184] - Job (*Iyov*), 42, 6.
[185] - Psaumes (*Sepher Tehillim*), 37, 23 et 24.
[186] - Romains, 14, 4.

Tenir debout renvoie à la rectitude, à l'intégrité et à une exigence du combat spirituel face à un ennemi[187]. Personne ne peut pas combattre convenablement couché. La station debout permet d'affronter les assauts d'un adversaire. Ainsi tenir debout est nécessaire pour résister.

Section II – L'économe : l'intelligence en matière de gestion

La fourmi est un modèle en matière de gestion. Elle sait gérer son temps (§ 1), ce qui n'est pas le cas de bien de gens. Elle sait administrer les biens qui sont en sa possession (§ 2). Elle régit ses relations en fonction de ses capacités de communication (§ 3). Elle gère également son alimentation (§ 4) ainsi que les dons reçus (§ 5).

§ 1 - La gestion de son temps

Outre sa connaissance des temps et des saisons, la fourmi sait également gérer son temps. Elle met à profit le bon temps dans la perspective qu'un mauvais survienne ultérieurement. Elle sait quoi faire à chaque saison.

A ce propos, il arrive que des animaux connaissent mieux les temps et les moments que les êtres humains eux-mêmes. Ainsi, les disciples, à l'issue de tous les événements qui se sont déroulés (résurrection, réapparition aux disciples), demandèrent à *Jésus-Christ* si c'était le temps de rétablir la royauté d'*Israël*[188].

Et là, en forme de réprimande, il leur fit comprendre que ce n'était pas à eux de connaître les temps (« *kronous* ») et les moments (« *kairous* ») fixés par le *Père* de sa

---

[187] - Ephésiens, 6, 14.
[188] - Actes, 1ᵉʳ, 6.

propre autorité[189]. Le temps renvoie à une période et le moment implique la fixation d'un temps bien déterminé. *Dieu change les temps et les circonstances.*

En matière de gestion du temps, le *Créateur* a défini un principe simple. Pour toute activité, il y a un moment (« *zeman* ») et un temps (« *e't* ») sous le soleil[190]. Quand on regarde les évènements de la vie, il y a un temps pour enfanter et un pour mourir, un temps pour planter et un pour arracher ce qui a été planté, un temps pour tuer et un pour guérir, un temps pour faire des brèches et un pour bâtir, un temps pour pleurer et un pour rire, un temps pour se lamenter et un pour sauter de joie, un temps pour jeter des pierres et un pour en ramasser, un temps pour s'embrasser et un pour s'en abstenir, un temps pour rechercher et un pour perdre, un temps pour garder et un pour jeter, un temps pour déchirer et un pour coudre, un temps pour se taire et un pour parler, un temps pour aimer et un pour détester, un temps de combat et un de paix. A bien regarder, il y a un temps et un moment pour des choses opposées.

Selon la sagesse de *Dieu*, l'être humain est inscrit dans une organisation divine qu'il ne saurait nier. Ainsi, son temps est délimité en termes de jours, de nuits, de semaines, de mois, d'années. On remarque une régulation quotidienne du temps avec un temps d'éveil, un d'activité, un de repos.

Ainsi, d'après la parole de *Dieu*, il y a un temps pour travailler et un temps pour se reposer. *Elohim* bénit le septième jour et le consacra car, en lui, il s'était arrêté de tout l'ouvrage qu'il avait fait[191]. *Jésus-Christ* lui-même parlait de la nuit qui n'était pas un temps de travail[192].

C'est la même chose pour la fourmi. Elle semble disposer d'un régulateur interne chronologique ou biologique. Elle se lève à l'auge, travaille la journée et se repose la

---

[189] - Actes, 1er, 7.
[190] - Ecclésiaste (*Qohéleth*), 3, 1er et s.
[191] - Genèse (*Berechit*), 2, 3.
[192] - Jean, 9, 4.

nuit. Manifestement, le *Créateur* a voulu qu'elle soit ainsi réglée. Elle ne s'adonne pas à des activités nocturnes.

Dès le lever du soleil, son activité consiste à la recherche de nourriture. C'est une chercheuse qui va aller dans tous les recoins d'une maison, d'un espace donné. Son mode opératoire est prévisionnel.

Ce n'est pas de cette manière que l'oiseau procède. Si la parole selon laquelle il est dit « cherchez et vous trouverez » s'applique volontiers à la fourmi, en revanche le fait de ne pas se soucier du lendemain car le lendemain s'inquiétera de lui-même et chaque jour suffit sa peine[193] est une parole de *Jésus-Christ* tirée de l'exemple des oiseaux du ciel[194].

Chaque animal a ses particularismes. L'être humain aura à observer les caractéristiques spécifiques de chacun des animaux pour en tirer les leçons et se les appliquer pour lui-même.

Pour savoir gérer son temps, il importe de solliciter de *Dieu* la sagesse utile pour éviter les périodes de suractivité et pour faire les provisions nécessaires. La fourmi a un temps de préparation en été et elle accumule pendant la moisson. Il y a, de ce fait, de la discipline dans l'activité, dans le travail, dans l'organisation de son temps. Il y a là une régulation temporelle bien ordonnée.

§ 2 - La gestion des biens

Pour apprendre à gérer ses biens, la parole de *Dieu* définit des principes d'action agissant dans un cadre général de sanctification. *Primo*, la gestion des biens doivent

---

[193] - Mathieu, 6, 34.
[194] - Matthieu, 6, 26.

dépendre de *Dieu*. Deuzio, il y a des règles et principes à respecter à l'instar du refus des dettes, du respect du principe de l'affectation et des conditions de l'épargne.

La dépendance vis-à-vis de Dieu dans la gestion des biens – Pour que la fourmi puisse se nourrir, elle est obligée soit de ramasser ce que se trouve n'importe où (à terre, sur une table…) et il lui arrive d'attaquer aussi des animaux. Son acquisition et sa détention d'un bien résulte d'une circonstance factuelle sachant que le bien ne lui appartient forcément en propre, mais qu'il est destiné à autrui soit dans l'immédiat, soit au titre d'une réserve.

Mais, pour s'organiser, il faut une intelligence fonctionnelle. Celle-ci est directement tirée du *Créateur* sans aucune autre intervention. La possibilité et la capacité de se nourrir tient également de la providence.

Sur le principe, il en est ainsi de l'être humain. Elohim lui a donné une intelligence utile à sa nutrition en matière de nourriture de base ou de nourriture plus élaborée. Requérir le pain quotidien est une manière pour l'homme de témoigner sa volonté de dépendre de *Dieu*. La providence divine se couple avec sa bienveillance. *Dieu* fait lever le soleil sur les méchants et les bons et fait pleuvoir sur les justes et sur les injustes[195].

Par ailleurs, il y a une chose importante à comprendre en matière de richesse. L'être humain a tendance à parler de l'or et de l'argent comme en étant propriétaire. Mais, cette manière de voir va susciter l'amour de l'argent dans le cœur.

A bien regarder, les biens matériels sont issus d'*Elohim* et présents sur la terre par son œuvre créatrice. Les biens spirituels émanent tiennent de lui. On comprend alors

---

[195] - Matthieu, 5, 45.

les raisons pour lesquelles il est explicitement dit : « A moi l'argent et à moi l'or, déclaration de *YHWH-Tsebaoth* »[196].

Dans ce verset, il y a une grande délivrance pour la personne ayant en lui une possessivité telle qu'elle est atteinte de l'amour de l'argent, racine de tous les maux[197]. L'or et l'argent n'appartiennent pas à celui qui les a sur son compte en banque ou dans sa poche. La vérité est que les richesses que possède un être humain appartiennent à *Dieu*. Cela peut sembler bizarre mais, en réalité, il y a une différence entre la justice de *Dieu* procédant de sa parole et le droit émanant des hommes.

Dieu est propriétaire de tout ce qui est sur terre et a donné cela en gestion à l'être humain. En conséquence, le fait d'avoir en sa possession des richesses ne vient pas de lui, mais de *Dieu*. Quand on regarde le processus de l'héritage, c'est ce qui appartient au père qui est légué au fils. Dans le même temps, ce qui est au père appartiendra aux héritiers.

A partir du moment où une personne considère que l'or et l'argent appartiennent à *YHWH-Tsebaoth*, la délivrance par rapport à l'amour de l'argent se réalise par le renouvellement de l'intelligence.

De plus, parce que les richesses appartiennent à *Dieu*, l'argent ne saurait être érigé dans le cœur de l'homme en dieu. Ce qui est à *Dieu* ne saurait être livré au dieu des richesses *Mammon*. En revanche, l'argent doit être conçu comme un simple moyen de répondre à des besoins divers, ecclésiales, familiales, libéralités…

A l'instar des fourmis qui se répartissent les moyens de subsistance, la répartition des finances répond à des principes bibliques comme donner à *César* (impôts, cotisations

---

[196] - Aggée (*Haggaï*), 2, 8.
[197] - I Timothée, 6, 10.

sociales...), donner à *Dieu* selon diverses modalités (dons aux pauvres, libéralités, offrandes...), donner à sa famille. Le cadre de la distribution doit être sanctifié.

Cela veut dire qu'il n'est pas question de dépenser de l'argent chez les sorciers, voyants, cartomanciens, nécromanciens, acheter des cigarettes... Ce qui appartient à *Dieu* ne saurait alimenter des activités occultes. Nul ne peut avoir deux maîtres à la fois.

Le refus des dettes – L'un des principes fondateurs en matière de gestion consiste à éviter les dettes. La bible requiert de ne rien devoir à personne, sinon de s'aimer les uns les autres[198]. Si le mot grec « *opheilo* » intéresse le fait de devoir de l'argent, d'être en dette, il est aussi une référence à ce qui est dû, à la dette elle-même. Il y a dans la notion de devoir une logique d'obligation inhérente à l'exigence de fidélité. La fidélité vise en effet à honorer ses dettes, à payer ses impôts, à rembourser les prêts bancaires contractés à payer sa pension alimentaire exigée par décision de justice...

La bible est tout aussi rigoureuse au sujet de l'accumulation des dettes[199]. Littéralement, il est dit « hélas pour celui qui accroît ce qui n'est pas à lui ». Lorsque des personnes sont dans une logique de consumérisme, elle aurait tendance à vouloir consommer à outrance, avec beaucoup d'excès au point de se mettre dans le rouge. Alors, elle se mettra à prendre des crédits de toute nature, alors qu'elle n'a pas de quoi rembourser convenablement ses dettes. Certaines personnes ont même été entraînées dans la spirale du crédit *revolving*.

Manifestement, la fourmi n'a pas ce genre de problème. Ce qu'elle fait venir dans la fourmilière est ce qu'elle consomme. De plus, si elle est dans une logique d'abondance, c'est pour réserver, pour mettre à part et non pour se retrouver sans

---

[198] - Romains, 13, 8.
[199] - Habakuk, 2, 6.

manger. Là encore, l'enseignement sur la fourmi présente un intérêt pour tous ceux qui sont enclins à vouloir dépenses au-delà de leurs possibilités.

C'est en vertu du principe de l'interdiction des dettes que la parole de Dieu a posé celui de la proscription de la caution. En effet, le principe de la caution consiste à établir, pour prévenir l'incapacité d'un débiteur à titre principal, un débiteur à titre accessoire qui paierait la dette dans la mesure où le débiteur principal viendrait à ne pas payer. La caution apparaît, dans ce cas, comme une garantie supplémentaire en cas de non-paiement des dettes par le débiteur principal.

Cependant, la caution constitue aussi une association à une dette et un risque pour le débiteur accessoire. En s'engageant, il risque de pâtir de la mauvaise foi du débiteur principal dans l'hypothèse où il garantirait son insolvabilité. A ce moment, le débiteur principal ne paierait pas ses dettes et c'est la caution, le débiteur accessoire qui se verrait astreint à cette obligation. Conséquence, si la caution qui a payé à la place du débiteur principal a une possibilité de recours dans le cadre d'une action récursoire ou subrogatoire, il n'est pas sûr qu'il entre dans tous ses fonds s'il y a insolvabilité. En somme, il n'est pas prudent de s'engager si on n'a pas les moyens de rembourser une dette dans le cas où le débiteur principal ferait faux bond.

C'est pourquoi celui qui s'est porté garant d'autrui s'en trouve mal (surtout en cas de pépin) et détester « ceux qui tapent » (répugnent à s'engager) conduit à la sécurité[200]. Celui qui s'engage à payer les dettes d'autrui s'en trouve mal alors que refuser de le faire est plus sûr. Dans ce cas, le non engagement contractuel est préférable pour ne pas se retrouver avec des dettes mirobolantes. Celui qui tape la paume (s'engage), qui se porte garant d'une garantie envers son prochain, est « dépourvu de raison (« *hasar*

---

[200] - Proverbes (*Mishlei*), 11, 15.

lebh »)[201]. Il se verrait priver de ses biens qui seront alors pris en gage en vue du paiement de la dette[202].

Voilà pourquoi il convient de ne pas être parmi ceux qui tapent la paume avec ceux qui se portent garants de prêts[203]. Si une personne n'a pas pris cette précaution et s'est porté garant pour son prochain en tapant (cautionnant) pour un étranger, il est préférable de se dégager en faisant des instances auprès du créancier[204]. En effet, dans cette hypothèse, celui qui cautionne est lié, capturé par les propos de sa bouche[205]. Pour s'en sortir, il vaut mieux aller faire des instances à son prochain[206], ce qui est une manière d'intercéder auprès de son créancier en vue de l'allègement, de l'échelonnement ou de l'effacement de la dette.

Le respect du principe de l'affectation – *Jésus-Christ* avait été testé par les *Pharisiens*, au sujet de la nécessité ou non de donner le tribut à *César*. Constatant leur malice, il sollicita une pièce à l'effigie de *César* et, contournant le piège tendu, il leur dit de rendre à *César* ce qui est à *César* et à *Dieu* ce qui est à *Dieu*[207]. Il s'agit là d'affecter ses finances dans la soumission aux autorités, qu'il s'agisse de l'autorité divine ou administrative.

De même, la bible évoque l'impératif de prendre soin de sa famille. Ainsi, le mari doit nourrir et prendre soin de sa femme comme *Christ* lui-même a nourri et pris soin l'*Eglise*[208]. Il existe une obligation biblique pour l'époux d'alimenter, de s'occuper de son épouse tant spirituellement que matériellement.

---

[201] - Proverbes (*Mishlei*), 17, 18.
[202] - Proverbes (*Mishlei*), 20, 16 ; 27, 13.
[203] - Proverbes (*Mishlei*), 22, 26.
[204] - Proverbes (*Mishlei*), 6, 1er.
[205] - Proverbes (*Mishlei*), 6, 2.
[206] - Proverbes (*Mishlei*), 6, 3.
[207] - Matthieu, 22, 17 à 22.
[208] - Ephésiens, 5, 28 et 29.

De même, bien qu'énoncé à propos des veuves, la considération selon laquelle une personne qui n'a pas pris soin des siens, surtout ceux de sa maison, mis aux rangs de ceux qui ont renié la foi et qui sont pire qui incroyant[209] est une application d'une loi divine de portée générale. Effectivement, celui qui prend soin de sa famille accomplit une loi royale selon laquelle « Tu aimeras ton prochain comme toi-même »[210]. Ce que l'on a est aussi donné pour les soins familiaux.

Dans une fourmilière, les fourmis prennent soin les unes des autres et partagent les ressources en leur possession. Elles adoptent les mêmes principes de fonctionnement liés à la sociabilité. Elles apprennent, dans la colonie, à vivre ensemble sans avoir à se mordre les uns les autres.

Le principe de responsabilité – Le principe général de responsabilité incombant à l'être humain[211] induit une sagesse et une maîtrise de soi dans la dépense. Avant d'effectuer une dépense, il convient d'examiner au préalable sa capacité de remboursement en vérifiant s'il a de quoi la réaliser de peur de se retrouver ridicule par la suite[212].

Les paraboles des talents et des mines évoquent une responsabilité de l'intendant (gestionnaire) travaillant pour autrui. Son devoir est de faire fructifier le commerce d'un propriétaire qui reviendrait demander compte de la gestion des deniers[213].

Quand une fourmi fait entrer de la nourriture dans la fourmilière, la nourriture est la pour tous et est partagée. La fourmi travaille dans le cadre de la collectivité, pas pour elle seule. Travaillant pour autrui, elle n'est point égoïste.

---

[209] - I Timothée, 5, 8.
[210] - Jacques, 2, 8.
[211] - Genèse (*Berechit*), 1er, 26.
[212] - Luc, 14, 28.
[213] - Matthieu, 25, 14 et s. ; Luc, 19, 11 et s.

La problématique de l'épargne – Prévoyante, la fourmi épargne. On a, à titre illustratif le cas des fourmis pot-de-miel, ouvrière spécialisée stockant l'alimentation pour le reste de la colonie.

L'épargne vise à répondre à un besoin en prévision d'un coup dur. Si l'idée de l'épargne n'est pas contraire à la parole de *Dieu*, il ne faut par contre pas épargner à l'excès pour ne pas s'appauvrir[214]. Le texte hébreu dit littéralement dans la seconde partie du verset « et un qui retient plus que ce qui est droit seulement pour la pénurie ».

Dans bien des cas une personne qui épargne beaucoup risque de voir entrer dans son cœur l'amour de l'argent. Alors, il voudra engranger de plus en plus, rien que pour la satisfaction de s'enrichir. Alors, il ne pense pas qu'un jour, son âme lui sera redemandée et qu'il laisserait ses biens sur la terre.

On aura compris que la fourmi n'épargne pas à l'excès, elle épargne pour répondre aux besoins de la fourmilière. La logique est totalement différente. D'ailleurs, contrairement à certains hommes, une fourmi n'est points dans l'optique de chercher à s'enrichir.

Par contre, si l'épargne entre dans une stratégie de construction, d'une projection de vie, l'objectif est d'avoir de quoi répondre à la finalité souscrite. La bible montre l'exemple d'un roi projetant de faire la guerre, mais voyant qu'il n'avait pas les ressources requises, dû abdiquer[215].

Elle prend aussi l'hypothèse d'un homme désireux de construire une maison. Mais, avant de prendre l'initiative, il devait calculer la dépense pour examiner s'il a de quoi

---

[214] - Proverbes (*Mishlei*), 11, 24.
[215] - Luc, 14, 31.

l'achever[216]. La sagesse suppose que l'être humain dispose de moyens utiles à l'achèvement de son œuvre car, si ne n'est pas le cas, on risque de se moquer de lui[217]. L'incapacité à construire résulte là du manque de moyens à sa disposition pour la réalisation de l'œuvre projetée.

Dans cette même perspective, peut être appréhendée la parabole de l'enfant prodigue[218]. Un jeune fils, impétueux, voulut faire sa vie, indépendamment de son père. Sollicitant sa part d'héritage, il partit dans un pays lointain. Immature, il dilapida tous ses biens au point de devoir aller travailler pour entretenir des cochons. Voyant sa condition, il décida de retourner chez son père.

Non seulement l'enfant prodigue n'avait pas su attendre le temps indispensable pour recevoir sa bénédiction mais, au surplus, il s'est révélé être un piètre gestionnaire dans la mesure où il n'était certainement pas suffisamment formé à la gestion des biens. La hâte, la logique de fuite en avant, les velléités d'indépendance, peut-être l'enfant de montrer qu'il peut prendre ses responsabilité en se comparant au frère aîné, étaient peut-être des éléments influant sur sa décision. La volonté de vouloir mener seul sa vie, sans son père, peut être une démonstration de vouloir prouver quelque choses, mais aussi avec un risque d'échec.

Dans tous les cas de figure, cela traduit des états d'âme, notamment des sentiments dont il faut guérir d'autant plus que, là encore, le comportement de la fourmi est différent.

De son côté, la fourmi n'a pas de comportement précipité, est pas dans une logique de fuite et ne manifeste pas de velléités d'indépendance. S'activant dans un cadre organisationnel précis, plutôt que de fuir elle utilisera davantage son système olfactif

---

[216] - Luc, 14, 28.
[217] - Luc, 14, 29.
[218] - Luc, 15, 11.

de repérage ou la technique de la file indienne pour ne pas se perdre. De ce fait, il y a le souci d'être ensemble ou de retour à la fourmilière.

§ 3 - La gestion des relations

La compétence relationnelle de la fourmi se vérifie au moyen des modes de communication.

La compétence relationnelle de la fourmi – Cet animal a une grande aptitude relationnelle et est pourvu d'un sens accru de la communication. A cet effet, elle dispose d'organes sensoriels portés sur sa tête et essentiels au sens de l'odorat, du toucher et du goût. Grâce aux antennes, elle reçoit des messages en détectant les odeurs de son nid, d'une autre fourmi, en évaluant les dimensions des fardeaux à porter pour la nourriture et pour les bébés-fourmis.

Elle ne prendra pas des fardeaux trop lourds à porter. Elle rejettera le fardeau pesant, comme cela est exigé du chrétien[219] ou aura la sagesse de se laisser aider par une autre fourmi en cas de besoin. Ainsi, la bible requiert de porter les fardeaux les uns les autres en accomplissant la loi de *Christ*[220]. Par ailleurs, la fourmi n'exprime aucun orgueil consistant à ne pas vouloir recevoir de l'aide.

Si la fourmi sait communiquer pour faire connaître ses besoins, pour déterminer ses capacités ou l'existence d'un danger, concernant les êtres humains, nombreux sont ceux qui n'ont pas le sens de la communication. Cela est dû à cause de blessures, de rejets, de rapportages et qui, du coup, ne s'expriment pas à cause de cela. Or, le fait de communiquer témoigne d'un esprit d'équipe très important. Cela est à méditer tant dans le cadre des relations conjugales, filiales, sociales, ecclésiales avec le recours aux meurtrissures de *Jésus-Christ* et au pardon.

---
[219] - Hébreux, 12, 1ᵉʳ.
[220] - Galates, 6, 2.

Les moyens de communication des fourmis – Ces animaux ont des moyens de communication divers. Ils peuvent être chimique, sonore, tactile et visuelle. On verra que, pour chaque cas, qu'il y a une dimension spirituelle dans l'odeur, la sonorité, le toucher et la vue.

<u>*La communication chimique*</u> - Libérées, les phéromones (substances chimiques odorantes) servent à informer d'autres fourmis d'une situation de détresse. Comparativement, lorsqu'une personne montre des signes de détresses, en se tournant vers *Elohim*, elle reçoit le secours approprié. *Elohim* est pour nous refuge, force et secours trouvé énormément dans les détresses[221].

Les phéromones indiquent la localisation de la nourriture ou l'existence d'un danger. Ainsi, elles permettent de définir et de repérer les pistes olfactives. Par analogie, la parole de *Dieu* constitue la nourriture du chrétien et le *Saint-Esprit* prévient du danger en informant par anticipation de certaines situations.

La communication odoriférante s'exprime bibliquement par le truchement de certains sacrifices réalisés en faveur d'*YHWH*. Lorsque *Noah* posa les pieds sur le sol à l'issue du déluge, il décida de bâtir un autel un autel pour *YHWH* et prit toute bête pure et tout oiseau du ciel pur pour faire monter des holocaustes sur l'autel[222]. Et, *YHWH* respira une odeur d'apaisement avant d'établir une alliance avec *Noah*[223].

Si avec *Noah* la communication odoriférante s'est faite par une offrande animale, en recevant des libéralités (fruits, richesses…) de la part des *Philippiens* et remis par *Epaphrodite*, l'apôtre *Paul* a assimilé l'offrande à un parfum de bonne odeur, sacrifice acceptable, agréable à *Dieu*[224].

---
[221] - Psaumes (*Sepher Tehillim*), 46, 2.
[222] - Genèse (*Berechit*), 8, 20.
[223] - Genèse (*Berechit*), 8, 21.
[224] - Philippiens, 4, 18.

Enfin, l'offre est une personne sacrifiée. Le croyant est pour *Dieu* la bonne odeur de *Christ*[225] sachant que ce dernier s'est livré à *Dieu* comme offrande et sacrifice en parfum de bonne odeur[226].

<u>*La communication sonore*</u> - La communication sonore s'opère par vibration ou frottement. Elle se réalise par des stridulations, la friction de la râpe formée de l'alignement des côtes, de stries, de dents, d'épines et du grattoir.

Les ondes sonores à travers le sol sont un autre moyen de signaler sa détresse. Trouvant de la nourriture, la fourmi se met à chanter en vue de déterminer la qualité de la nourriture. C'est comme une personne se mettant à louer le *Seigneur* ou à le remercier pour la nourriture du jour à sa disposition. Le signal sonore peut être en vue du renforcement pour permettre la construction ou l'agrandissement de la fourmilière.

Du point de vue biblique, la communication sonore s'effectue par la trompette. Elle est simultanément un signe de ralliement, de conjugaison des moyens, de passage à l'attaque ou d'avertissement.

Dans le *Tanakh*, trois termes peuvent traduire la trompette. « *Shatsoterah* » est la trompette, le clairon, la trompette en métal. A titre illustratif, il a été utilisé dans le domaine de la louange et des actions de grâce[227]. « *Qeren* », terme araméen, est la corne, instruments de musique, symbolique dans les visions d'un animal[228]. « *Shophar* » est la corne, la corne de bélier, le cor visant à donner un signal de ralliement des troupes sur un champ de bataille[229], à appeler des hommes à pied

---

[225] - II Corinthiens, 2, 15.
[226] - Ephésiens, 5, 2.
[227] - II Chroniques (*Divrei Hayamim*), 5, 12.
[228] - Daniel, 3, 5, 7, 10, 15 concernant l'usage de la corne dans le cadre de l'idolâtrie ; 7, 7, 8, 11, 20, 21, 24 les dix cornes représentent dix rois d'un même royaume qui s'élèveront.
[229] - Josué (*Yehoshua*), 6, 4.

d'œuvre[230], à donner l'alarme[231], à donner l'ordre d'attaquer[232] ou à marquer la retraite[233].

La communication sonore peut être la voix de *Dieu* lui-même. Adam, après avoir péché, a entendu la voix (« *qol* ») d'*YHWH-Elohim* et avait craint à cause de sa nudité[234]. L'écoute de la voix de l'*Eternel* (« *beqol YHWH* ») pour garder et pour faire tous ses commandements produit les bénédictions[235] tandis que la non-écoute de la voix d'*YHWH* pour garder et pour faire tous ses commandements produit les malédictions[236]. Entendre la voix d'*YHWH*, la reconnaître et y répondre constitue un apprentissage essentiel pour le croyant, comme l'a expérimenté le prophète *Shemouel*[237].

Le *Nouveau Testament* montre que la parousie de *Christ* s'effectuera sur le fondement de trois signaux, le signal donné (« *keleûsmati* »), impliquant l'ordre du *Père céleste* qui est le seul à en connaître le moment, la voix de l'archange (« *phonê arkhaggelou* ») et la trompette de *Dieu* (« *salpiggi theoû* »)[238]. Indubitablement, la parousie s'effectuera par des modes expression à dominante sonore.

La communication tactile – La communication tactile se réalise par le truchement des antennes. La fourmi palpe avec son antenne toute autre fourmi rencontrée pour échanger les informations. Il s'agit d'une communication par le toucher.

---

[230] - Juges (*Shoftim*), 3, 27.
[231] - Jérémie (*Yirmeyahou*), 6, 1er ; Amos, 3, 6.
[232] - Job (*Iyov*), 39, 24 et 25.
[233] - II Samuel (*Shemouel*), 18, 16.
[234] - Genèse (*Berechit*), 3, 10.
[235] - Deutéronome (*Devarim*), 28, 1er et s.
[236] - Deutéronome (*Devarim*), 28, 15 et s.
[237] - I Samuel (*Shemouel*), 3, 4 et s.
[238] - I Thessaloniciens, 4, 16.

Prenons l'illustration de la femme atteinte d'une perte de sang depuis douze ans[239]. Elle s'est dite en elle-même qu'en touchant la frange du vêtement de *Jésus-Christ*, elle serait sauvée[240]. Finalement, elle le fit et le fait de toucher le vêtement d'un oint a généré la guérison.

Si on a là le cas de la guérison d'une personne malade en touchant un oint, il est aussi vrai que la guérison soit communiquée par le fait que l'oint touche. Il en est ainsi de l'imposition des mains aux malades par le croyant[241].

La communication visuelle - La communication visuelle s'opère par le truchement d'une danse ou une action pour attirer l'attention des autres fourmis. La fourmi va tourner autour d'un gros aliment pour que d'autres viennent l'aider à le porter.

A titre illustratif, les *tetraponeras* dont les larves ont besoin de nourriture vont secouer la tête pour indiquer leurs besoins. L'objectif est de permettre que rapidement, une ouvrière intervienne pour lui ingurgiter de la nourriture liquide de bouche à bouche. C'est en voyant le mouvement de la larve que l'ouvrière reconnait la nécessité de l'alimenter. C'est le regard porté par les *tetraponeras* qui permet de savoir quand il faut alimenter les larves.

Le regard des *tetraponeras* interpelle sur celui porté par les êtres humains eux-mêmes.

Le regard a, en effet, une grande incidence sur la manière de voir les autres, soit même, voire une situation. Sur le premier point, *Eliab*, frère aîné de *David*, *Shahul* et *Goliath* avaient tous les trois porté un regard de jugement sur *David*. Sur le second, *Mosheh*, *Guideon*, *Yirmeyahou* et *Mephiboshet* portaient tous, à un moment donné,

---
[239] - Matthieu, 9, 20.
[240] - Matthieu, 9, 21.
[241] - Marc, 16, 18.

un mauvais regard sur eux-mêmes à cause de la mauvaise estime de soi. Par contre, *David* avait une bonne estime de lui-même[242]. Sur le dernier, on a l'exemple de la femme de *Loth* qui, en se retournant, a manifesté le regret de sa vie mondaine et fut prise dans un déluge de feu et de sel.

Par ailleurs, le regard atteste de l'intérêt qu'une personne a ou non pour quelqu'un, pour une chose et dans une circonstance précise. Le fait pour la parole de *Dieu* d'indiquer que l'œil (« *ophtalmos* ») est la lampe (« *luknos* ») du corps, a une double répercussion.

Primo, si l'œil est en bonne santé, en bon état, sain ou simple (« *aplous* »), le corps tout entier est lumineux[243]. Il s'agit tant d'une personne avec une bonne vue que d'un regard de tendresse, de compassion, d'amour, plein de simplicité.

Deuzio, si l'œil est en mauvaise santé, en mauvais état, malade, mauvais (« *poneros* »), le corps entier est dans les ténèbres[244]. Il s'agit non seulement d'une personne qui a une mauvaise vue, mais encore une personne qui a un regard hautain, orgueilleux, méchant, tueur, méprisant, moqueur. A bien regarder, le regard détermine la pensée du cœur.

§ 4 - La gestion de son alimentation

L'observation de la fourmi révèle d'abord qu'elle n'est pas un vorace puisqu'elle a deux estomacs, une pour elle et une autre pour partager avec les autres. Dans le cadre de la parole de *Dieu*, cela signifie que personne ne considérait ses biens comme étant

---

[242] - Psaumes (*Sepher Tehillim*), 139, 14.
[243] - Matthieu, 6, 22.
[244] - Matthieu, 6, 23.

personnels, mais ils avaient tout en commun[245]. Les biens étaient vendus et partagés pour répondre aux besoins de tout un chacun[246].

Si l'alimentation prise par la fourmi répond le plus souvent à un besoin, il n'a pas toujours pour but de satisfaire un besoin immédiat. Une gestion programmée s'inspire d'une projection prophétique au travers de la connaissance des temps et des moments.

La fourmi fait donc la part des choses, faisant étalage à la fois de parcimonie, de partage et d'épargne. La considération de l'autre est importante, l'avenir préservé, même à court terme, le temps d'une dure saison.

Dans l'alimentation, on ne semble pas trouver l'équivalent d'une œuvre de la chair. C'est comme si tout se faisait dans un cadre régulé. Concernant l'être humain, parmi les œuvres de la chair, il y a des beuveries et des ripailles[247]. L'excès du boire renvoie à l'alcoolisme s'il s'agit de l'alcool et de l'hyponatrémie en cas de trop grande consommation d'eau générant une perte de natrium (sodium) dans le corps. Dans l'excès du manger, il y a le fait de manger trop de sel, ce qui génère l'hypertension, trop de sucre, ce qui provoque le diabète et trop de graisse, occasionnant le mauvais le cholestérol. La mauvaise alimentation, la gloutonnerie, la voracité sont autant d'excès de table que prohibe la parole de *Dieu*.

La fourmi s'inscrit dans le cadre du contentement. Elle mange ce qui lui est utile, ni plus, ni moins. Non gaspilleuse, elle ne fait pas non plus la fine bouche. Elle mange de tout, du salé, du sucré, indifféremment. L'apôtre *Paul* a parlé de piété avec contentement (« *autarkeias* »)[248]. C'est être en communion avec *Dieu* tout en faisant du bien à autrui[249].

---

[245] - Actes, 4, 32.
[246] - Actes, 4, 35.
[247] - Galates, 5, 21.
[248] - I Timothée, 6, 6.
[249] - Actes, 10, 2.

Mais, pour la fourmi, il s'agit de plus de se contenter de ce qu'il a ramassé tout en répondant parallèlement au besoin de l'autre. Dans ces conditions, l'apôtre *Paul* pouvait indiquer qu'ayant de la nourriture et des vêtements, nous nous en contenterons[250], voulant éviter les multiples désirs insensés et funestes attachés à ceux qui veulent s'enrichir, tombant dès lors dans la tentation et les pièges[251]. Savoir se contenter de ce qu'on a préserve le cœur de mauvais désirs.

§ 5 - La gestion des dons

La fourmi épargne pour pouvoir mettre de côté de la nourriture. Cette compétence témoigne une capacité d'intendance. Quand on examine la bible, celle-ci demande d'être des intendants de diverses grâces de *Dieu* et de mettre le « *kharisma* », c'est-à-dire le « don de la grâce » au service des autres[252]. C'est d'ailleurs, comme l'on l'a déjà vu, la même logique qui transparaît dans l'attitude d'une fourmi avec ses congénères.

L'objectif est de se faire grâce les uns les autres dans une logique de service pour la communauté. Le service s'effectue avec la force que procure *Dieu*. La mise à la disposition des dons s'opère pour les autres. Dans la manifestation du don de la grâce, il y a une double logique : la mise en service et la marche avec la force donnée par *Dieu*.

Section III - La patience

---

[250] - I Timothée, 6, 8.
[251] - I Timothée, 6, 9.
[252] - I Pierre, 4, 10.

Outre la réflexion à mener sur la notion de patience (§1), il convient en particulier d'évoquer la patience lors de l'avènement du *Seigneur Jésus-Christ* (§ 2) et de comprendre comment y parvenir à cet état d'esprit (§ 3).

§ 1 - La notion de patience

La patience est tant la capacité à supporter, à endurer une situation pénible que d'attendre sans exprimer de réprobation. En regardant des fourmis construire une fourmilière, on constate la patience qu'elles ont pour effectuer cette œuvre. Ainsi, la fourmi montre à l'être humain l'exemple de la patience dans le travail.

Dans la bible hébraïque, il est question d'une lenteur de respiration. Ainsi, un homme de fureur provoque la dispute et un lent de respiration (« *erek apayim* ») apaise la querelle[253]. Il est préférable d'être patient de souffle (« *erek ruah* ») plutôt que d'être hautain de souffle[254]. La patience est une dimension de la sagesse.

Dans le *Nouveau Testament*, elle se caractérise par une promptitude à écouter, une lenteur à parler et une lenteur à se mettre en colère[255]. En effet, la colère (« *orgè* ») d'un homme n'accomplit pas la justice de *Dieu*[256].

Quand des individus sont dans l'affliction, ils ont à être patients (« *upomenontes* »)[257]. Lorsqu'une personne est dans une colère folle (« *thumos* »), elle a à se repentir et à pardonner[258]. Lorsqu'on se met en colère (« *orgidzétaï* »), il

---

[253] - Proverbes (*Mishlei*), 15, 18.
[254] - Ecclésiaste (*Qohéleth*), 7, 8.
[255] - Jacques, 1er, 19.
[256] - Jacques, 1er, 20.
[257] - Romains, 12, 12.
[258] - Ephésiens, 4, 31 et 32.

convient de ne pas laisser le soleil se coucher sur son irritation (« *parorgismos* »)[259] pour ne pas donner accès au diable[260].

Aussi, *Dieu* « prend patience » (« *makrothumei* »). Il ne s'énerve pas dans son attente. Il ne piaffe pas et n'est pas impulsif. La patience (« *makrothumia* ») incorpore l'une des caractéristiques de l'amour[261]. Cela présume qu'elle comporte de l'endurance, de la constance, de la persévérance, de la longanimité (capacité d'endurer et inclination à pardonner largement) et de la lenteur à se venger des fautes. D'ailleurs, la bible le recommande formellement : « ne vous vengez pas vous-mêmes, mais laissez agir la colère, car il est écrit : A moi la vengeance, moi je rétribuerai dit le *Seigneur* »[262]. La patience va consister à ne pas faire justice soi-même.

Etymologiquement, le patient est le long ou le loin (« *makros* ») à la passion, à la chaleur, à la colère immédiate, bouillante et qui subsiste, à la colère ardente, à l'irritation, à l'animosité (« *thumos* »). Le patient est long ou loin à se mettre en colère.

La patience est une qualité inhérente à *Dieu* caractérisée particulièrement par une attente avant se mettre en colère ou pour éviter le jugement[263]. Cette qualité est conférée par *Dieu* à l'être humain en communion avec lui[264]. Elle est une exigence biblique pour lui[265].

§ 2 - La patience dans l'attente de l'avènement de *Christ*

---

[259] - Ephésiens, 4, 26
[260] - Ephésiens, 4, 27.
[261] - I Corinthiens, 13, 4.
[262] - Romains, 12, 19.
[263] - Genèse (*Berechit*), 6, 12 à 22 lu avec I Pierre, 3, 20 ; II Pierre, 3, 9 et 15 ; Romains, 2, 4 ; 3, 24 à 26 ; 9, 22.
[264] - II Thessaloniciens, 3, 5.
[265] - I Thessaloniciens, 5, 14 ; I Timothée, 6, 11 ; Colossiens, 3, 12.

Dans la bible, les dix vierges devaient se préparer dans l'expectative de la venue de l'*Epoux*, représentant *Jésus-Christ*[266]. La parole de *Dieu* requiert que le croyant patiente « jusqu'à l'avènement du *Seigneur* »[267]. Personne ne connaît ni le jour, ni l'heure. Seul le *Père* céleste le sait.

La « *parousia* » désigne l'avènement, la venue, l'arrivée, la présence. Elle suppose qu'un invité d'honneur fasse son entrée chez celui qui invite.

Pour expliquer la mentalité qui doit animer celui qui attend la venue en gloire de *Jésus-Christ*, l'apôtre *Jacques* prend le cas d'un cultivateur (« *georgos* ») attendant le précieux fruit de la terre. Dans cette expectative, il ne maitrise rien du tout. Il doit compter sur la providence divine. Il en reçoit autant le précoce (« *proimon* ») et le tardif (« *opsimon* »). Lorsque la saison pour cultiver un fruit est arrivée, il pourra jouir des premières récoltes ainsi que des dernières récoltes de la saison grâce à la considération de la durée de vie effective du fruit.

Cette image physique témoigne de l'intérêt pour le chrétien de patienter en affermissant son cœur d'autant que la parousie approche[268]. Cette affermissement a pour conséquence de ne pas gémir, de ne pas soupirer les uns envers les autres, sachant que le juge (« *krites* ») se tient devant les portes[269].

§ 3 - Comment avoir la patience ?

La bible enseigne que la patience provient des afflictions[270]. L'épreuve se manifeste sous trois formes : l'épreuve de la foi[271], l'épreuve de qualification[272] et l'épreuve de feu[273].

---

[266] - Matthieu, 25, 1er et s.
[267] - Jacques, 5, 7.
[268] - Jacques, 5, 8.
[269] - Jacques, 5, 9.
[270] - Romains, 5, 3 et 4.

Il s'agit pour *Dieu* d'examiner si une personne est dans la foi pour voir quelle est sa réaction devant les difficultés. Il s'agit par ailleurs d'accorder une qualification particulière, une progression spirituelle. Enfin, il s'agit, dans les situations extrêmes de traverser le feu qui sert non seulement à épurer, à purifier, mais aussi à éprouver.

Dans le livre de *Daniel*, on voit que *Shadrak*, *Meshak* et *Abed-Nego* étaient des hommes intègres à tel point qu'ils ne voulaient pas se soumettre à l'ordre du roi visant à les influencer pour susciter chez eux l'idolâtrie. Leur donnant une seconde chance, le roi pensait faire preuve de mansuétude, de magnanimité. Mais, malgré les pressions et les menaces, ceux-ci refusèrent, préférant mourir plutôt que de violer la parole de *Dieu*. Ainsi, ont-ils manifesté la foi dans l'épreuve. Au surplus, le roi s'est opposé à *Dieu* en laissant supposer qu'aucun dieu ne pourrait les délivrer de sa main.

Et ne voilà-t-il pas que, faisant chauffer sept fois plus la fournaise, le roi fit jeter les trois hommes dans le feu. Mais, tout à coup, il vit un quatrième homme dans le feu. Alors, il considéra que ce fut un *fils des Dieux*. Alors qu'ils étaient ligotés, ils furent déliés dans le feu. Sortant sur ordre du roi, les hommes éprouvés n'avaient aucune blessure, aucune brûlure.

Le roi reconnût là la main de *Dieu* qu'il se mit à honorer[274]. Il donna l'ordre à tout le peuple d'honorer le *Dieu* de *Shadrak*, *Meshak* et *Abed-Nego* en sanctionnant toute personne qui parlerait mal de ce *Dieu*[275].

---

[271] - Jacques, 1er, 2.
[272] - Jacques, 1er, 3.
[273] - I Pierre, 4, 12 ; Daniel, 3, 11 et s.
[274] - Daniel, 3, 19 à 26.
[275] - Daniel, 3, 26 à 29.

Après l'épreuve de feu, le roi les a promus. Cette promotion est le signe d'une qualification obtenue à l'issue de l'épreuve. La gloire de *Dieu* s'est exprimée dans les trois dimensions de l'épreuve.

Ces serviteurs de *Dieu* ont été aussi téméraires que certaines fourmis du fait de leur insistance à ne pas se soumettre aux commandements royaux. Cette situation ne manquait manifestement pas de mordant d'autant qu'il y a certaines fourmis qui vivent dans un milieu désertique avec près d'une cinquantaine de degrés *Celsius* de température.

Chapitre 3 – La diversité des fourmis dans le corps

La fourmi est un insecte social formant des colonies et seraient même plusieurs dizaines de millions. Outre l'approche numérique, elle fonctionne collectivement pour des raisons de survie.

La bible affirme que les fourmis sont « peuple » (« *am* ») petit et sans force[276]. La petitesse de la fourmi et son absence de force sont deux éléments corroborant sa vulnérabilité et le risque d'exposition aux dangers qu'elle peut rencontrer.

De tels inconvénients sont toutefois surmontés par l'existence d'un collectif armé en vue de la survie d'une colonie entière. C'est ce que nous montre l'exemple d'*Esther* dans la bible. Il fallait un jeûne collectif face à la menace pesant sur le peuple juif[277]. Les justifications du caractère social de la fourmi (Section I) amènent à une unité de corps (Section II), en dépit d'une pluralité de sortes de fourmis avec quelques spécificités (Section III).

Section I – Les raisons justificatives du caractère social de la fourmi

Comparativement, chaque fois qu'une brebis s'écarte du chemin, le berger est là pour la ramener dans le droit chemin sinon elle encourt le risque de voir un loup la ravir et la dévorer. Concernant la fourmi, c'est la même chose. La bible la présente comme étant un peuple petit (§ 1) et sans force[278] (§ 2).

§ 1 - La petitesse de la fourmi

---

[276] - Proverbes (*Mishlei*), 30, 25.
[277] - Esther, 4, 13 et s.
[278] - Proverbes (*Mishlei*), 30, 25.

L'adjectif « petit » ce réfère à ce qui est court de taille et à une qualité spirituelle essentielle, l'humilité.

La taille - La fourmi est un animal de dimensions faibles du point de vue de la longueur, de l'épaisseur, de la largeur et du volume. Elle mesure entre 0,75 et 5,2 millimètres. Les espèces les plus petites ont même une taille quasiment microscopique. Elle est la proie d'autres animaux (tamanoir, tamandou, myrmidon…).

C'est un animal avec un grand courage et jouant collectif. Il est capable de faire la différence et de s'attaquer à ses propres prédateurs. Aussi, sa petitesse ne saurait être vue dans le sens de la péjoration. En effet, petit veut dire par ailleurs délicat, recherché, minutieusement réalisée. Ce n'est pas parce qu'elle est petite de taille qu'il faille pour autant mépriser l'enseignement découlant de l'observation de cet animal.

Certaines fourmis sont si petites que leur examen scientifique implique l'usage d'un microscope. Si le grand de taille est enclin, de manière générale, à vouloir se montrer fort, orgueilleux, le plus petit en revanche aura tendance à s'écraser, notamment parce qu'estimant ne pas faire le poids. Mais, ce n'est pas le cas des fourmis dans la mesure où elles sont capables, en collectivité, d'attaquer des proies plus grandes et plus fortes qu'elles. Ce sont de véritables *David* qui s'affrontent à des *Goliath*.

Au niveau de sa taille, les fourmis ont de plus une taille très fine leur permettant d'avoir pour qualité la souplesse et des aptitudes de contorsion. Cela leur ouvre la faculté de s'incruster dans de petits trous, avec une grande adresse. Elles peuvent même de se positionner temporairement sur ses pattes arrière.

L'humilité - Le fait que le *Sage* ait présenté les fourmis comme un « peuple petit » atteste d'une capacité d'action dans l'humilité.

Primo, l'humilité est généralement définie comme le sentiment d'avoir une faiblesse. Or, conscientes de leurs insuffisances, les fourmis acceptent l'aide sans faire de manières. La fourmi est un exemple pour ceux qui ont tendance à faire des manières dans la mesure où il s'agit de l'une des caractéristiques de l'orgueil.

Spirituellement, reconnaître ses faiblesses confère une force supplémentaire. Les autres fourmis vont venir aider celle qui est dans le besoin, conjuguant à sa force la leur. Regroupées et multipliées par centaines, voire des milliers, elles ont ensemble un impact impressionnant. Parce qu'elle sait qu'elle ne peut pas faire face seule aux attaques extérieures, elle va apprendre à développer sa communication, ses actions dans le cadre collectif, manière de compenser sa faiblesse et sa petitesse.

Le recours n'est pas seulement auprès des autres, mais aussi auprès de *Dieu*. Sachant que l'humilité consiste à reconnaître ses limites, un homme avait conscience d'une telle situation chez lui. Il s'agit d'*Yaébès*, plus honoré que ses frères, sa mère l'appelant ainsi parce qu'elle l'avait enfanté dans la peine, dans la douleur (« *be'otsev* »)[279]. Il invoqua littéralement *Elohei Yisraël* en disant : « Si bénit, tu me bénis et tu multiplies mon territoire, est ta main avec moi et tu fais loin du malheur afin que je ne sois pas en peine, *Elohim* fit venir ce qu'il avait demandé »[280]. En clair, il s'agit d'une doléance visant à étendre les limites pour conférer des aptitudes suffisantes en vue de la réalisation d'une chose bien précise. Une telle demande vise aussi, avec la guérison de l'âme, à pallier le sentiment d'incapacité.

Deuzio, elle constitue une attitude de déférence ou de soumission. Chaque fourmi dans la colonie pratique le respect mutuel, l'entraide et la collaboration. Il s'agit indubitablement d'une expression de la modestie. Elle ne se met pas en avant en revendiquant ses droits. Son rôle est de faire avancer le collectif.

---

[279]- I Chroniques, 4, 9.
[280]- I Chroniques, 4, 10.

C'est ici l'image de *Jésus-Christ* qui, en forme de *Dieu*, n'a pas considéré comme une proie (« *arpagmos* ») d'être en égalité avec *Dieu*[281]. En somme, il n'a pas regardé à sa condition divine, à son statut. La fourmi ne regarde pas à sa condition, à son statut, mais est dans l'action. Il y a de ceux qui regardent à leur notoriété, à leur réputation. Mais, la fourmi donne un exemple d'humilité pour qui revendiquerait un quelconque statut.

Le fait de s'être vidé, une forme d'esclave ayant pris, devenant en similitudes des humains[282] rappellent la fourmi en ce sens en ce sens qu'il porte des choses soit dans son estomac, soit avec ses mandibules pour les autres. Il se vide d'une partie des aliments placés dans le jabot social pour donner à l'autre. Il y a là un abaissement pour servir.

Tercio, la fourmi n'a pas de grands goûts. Il y a du contentement eu égard à l'examen quantitatif, de la modération dans les goûts. Il n'est pas difficile à nourrir.

Quand on compare avec le comportement de certains êtres humains, ceux-ci ne sont pas toujours contents de ce qu'ils mangent. Dans ces conditions, ils font *Dieu* menteur parce que la parole de *Dieu* dit que tout ce qu'il a créé est bon. Au surplus, lors de la distribution des pains et des poissons, la nourriture n'a pas été gaspillée, mais elle a plutôt été réservée en ce qui concerne le reste. Ainsi, *Jésus-Christ* a lui-même agi comme un économe.

De surcroît, la fourmi est un exemple d'humilité pour les personnes ayant de grands goûts, des désirs de luxe voire même, la folie des grandeurs. Or, la fourmi n'est ni dépensière, ni cupide, ni vaniteuse, ni mégalomane.

---

[281] - Philippiens, 2, 6.
[282] - Philippiens, 2, 7.

Quarto, l'humilité transparaît dans la logique de service. La fourmi n'est pas réfractaire à la besogne et travaille sans rechigner, sans se plaindre. Elle ne s'élève pas plus que l'autre, mais fait son travail convenablement sans rechercher la reconnaissance.

Chez les hommes, la volonté de reconnaissance est génératrice d'orgueil, d'une volonté de se mettre en avant. C'est un animal servant en toute modestie. Or, le *Seigneur* le demande à l'être humain[283]. La bible sollicite d'être revêtu de bonté et d'humilité[284], d'en être ceinturé[285].

La récompense de l'humilité est la crainte d'*YHWH*, richesse, gloire et vie[286]. *YHWH* est arrogant avec les arrogants mais, aux humbles, il donne grâce[287]. Dans le *Royaume des cieux*, c'est le plus petit qui est le plus grand[288]. C'est pourquoi il est utile d'être transfiguré à l'image du *Seigneur*[289].

En conclusion, *Jésus-Christ* est, comme la fourmi, une modèle d'humilité. Le *Fils de Dieu* été présenté comme un jeune plant et comme une racine d'une terre d'aridité, non pas de prestance pour lui, non pas de splendeur et nous le verrions non pas de l'apparence que nous désirerions[290]. N'ayant pas revendiqué son statut divin, *Christ* a pris la forme d'un serviteur, d'un esclave (« *doulos* »), devenant en similitude des humains et il s'abaissa, devenant obéissant jusqu'à la mort de la croix[291].

---

[283] - Actes, 20, 19.
[284] - Colossiens, 3, 12.
[285] - I Pierre, 5, 5.
[286] - Proverbes (*Mishlei*), 22, 4.
[287] - Proverbes (*Mishlei*), 3, 24.
[288] - Matthieu, 11, 11 ; Luc, 7, 28.
[289] - II Corinthiens, 3, 18.
[290] - Esaïe (*Yeshayahou*), 53, 2.
[291] - Philippiens, 2, 5 à 8.

Ainsi, la fourmi n'est nullement dans une position de contestation, ne revendique aucun statut particulier, ne fait jamais de grève et ne se fait pas remarquer. Cette manière de procéder, n'est-elle pas non plus celle de *Christ* ?

Au travers de cette image, on voit que l'*Eternel* brise l'orgueil de la force de celui qui s'élève[292]. On comprend pourquoi la parole de *Dieu* illustre les aptitudes d'un petit animal qui ne se repose pas sur sa propre force.

§ 2 - L'absence de force

En raison de leurs faiblesses, les fourmis sont contraintes, pour survivre, de marcher ensemble.

L'absence de force - La fourmi est présentée comme un peuple sans force. En effet, beaucoup de prédateurs peuvent les attaquer et l'emporter sur elle. Il en est ainsi des fourmiliers. La fourmi peut faire facilement écrasée en raison de sa petite taille.

Bien que les scientifiques aient insisté sur la capacité de soulever plusieurs fois sa masse, la parole de *Dieu* évoque davantage une absence de force. Mais, cette contradiction n'est qu'apparente puisqu'il s'agit d'une question de proportionnalité. Même si elle soulève plusieurs fois son poids, comparativement à d'autres animaux et à l'être humain, elle a peu de force.

Au surplus, cette apparente contradiction indique à tout le moins que, dans l'activité de la fourmi, ce n'est pas la force qui prime, mais davantage sa capacité à s'adapter aux situations délicates et à faire face collectivement.

---

[292] - Lévitique (*Wayiqra*), 26, 19.

C'en est un exemple pour l'être humain dans la mesure où la bible déclare : « Non pas par force (« *hayil* »), non pas par puissance (« *koha* »), mais au contraire par mon *Souffle* (*Esprit* : « *rouah* ») a dit *YHWH-Tséba'oth* »[293].

De même, *Guideon* était un homme doté d'une grande mésestime vis-à-vis de lui-même. C'était à un point tel qu'il avait un complexe d'infériorité. Aussi, a-il fallu qu'*YHWH* lui dise d'aller avec la force qu'il avait pour délivrer *Israël* de la main de *Madian*[294].

L'*Eternel* n'interdit pas en soi l'usage de la force quand cela est nécessaire. C'est lui qui a pourvu *Samson* d'une force exceptionnelle. Mais, l'incapacité à se maîtriser peut avoir pour effet d'agir avec brutalité, de prendre des décisions précipitées et de détruire les relations avec autrui.

Force est de constater que la fourmi ne se repose pas sur ses seules compétences physiques. A cet effet, elle est obligée, pour survivre, de compter sur les autres. En tant qu'animal social, c'est son organisation collective qui fait toute la différence. Elles ont une organisation du travail, dans le combat, dans la construction de leur habitat…

De plus, comme la fourmi est capable collectivement de s'attaquer à des proies plus grandes (image de l'homme fort qu'il faut lier), le plus petit ou le plus faible a aussi une grande utilité. *David* n'a-t'il pas combattu un plus fort que lui, non pas pour lui seul, mais pour le salut d'un peuple entier. Il n'avait pas peur de *Goliath*, le géant, contrairement aux autres. Il était prêt à combattre l'ennemi au nom de l'*Eternel*[295].

---

[293] - Zacharie (*Zekharia*), 4, 6.
[294] - Juges (*Shoftim*), 6, 14.
[295] - I Samuel (*Shemouel*), 17, 1er et s.

Il a usé de stratégie pour sortir victorieux de son combat sans avoir à déployer sa force. De toutes les façons, il était physiquement plus faible que *Goliath*. Cette victoire, il l'a obtenue grâce à son intelligence (l'emploi de la fronde à distance car au corps à corps, il aurait perdu) et à son expérience devant des animaux réputés féroces ou dangereux pour l'homme (ours, lion).

Par analogie, la fourmi sans force et petite trouve des stratégies de combat et d'attaque assez incroyables pour pouvoir l'emporter sur des proies plus grosses (tenir à deux un ennemi commun pour qu'il soit sectionné par un troisième plus fort).

Un peuple – La marche de la fourmi s'effectue souvent en file indienne. C'est le cas des fourmis *Pharaon* ou champignonniste… L'objectif est d'éviter les embouteillages ou pour ne pas se perdre. Or, en similitude, suivre *Jésus-Christ* est la garantie de ne pas être perdu spirituellement.

Les fourmis suivent une piste odorante laissée par leurs congénères. En marchant, elles déposent à leur tour une odeur pour ne pas se perdre. Or, un croyant faisant un sacrifice qui plait à *Dieu* reçoit l'agrément de l'*Eternel* qui sent une odeur agréable[296]. Le serviteur de *Dieu* lui-même est pour l'*Eternel* la bonne odeur de *Christ*[297]. Pour manifester son amour, *Christ* s'est « lui-même livré pour nous », « en offrande et sacrifice à *Dieu* en parfum d'agréable odeur »[298].

Bien plus, les fourmis ont diverses couleurs (jaune, rouge, noire, marron). Cela n'est pas sans renvoyer aux multitudes de nations composant le peuple de *Dieu* formant une nation sainte[299]. Toutes les nations auront à s'incliner devant le *Seigneur*[300] et ce, indépendamment de l'apparence physique (couleur de la peau, handicap physique…).

---

[296] - Genèse (*Berechit*), 8, 21.
[297] - II Corinthiens, 2, 15.
[298] - Ephésiens, 5, 2.
[299] - I Pierre, 2, 9.
[300] - Apocalypse, 15, 4.

Section II – L'unité du corps

A la différence de l'être humain qui se compose de trois parties, l'esprit, l'âme et le corps, la fourmi a quatre parties : la tête, le thorax, le pétiole et l'abdomen. Une démarcation structurelle existe entre l'homme et cet animal.

En effet, quelles soient ailées ou non, quelles soient rouges, noires, rousses, jaunes, quelles soient grosses ou petites, une fourmi est une fourmi. Elle a donc, au-delà des caractéristiques particulières, des caractéristiques communes. On constate entre elles une unité dans l'entraide (§ 1) ainsi que dans le combat (§ 2).

Quand on regarde la parole de *Dieu*, l'unité est d'abord celle de l'*Esprit*[301] et de la foi[302]. En somme, la fourmi agit de la même façon en s'unissant dans le combat contre le même ennemi. Or, pour le chrétien, *Satan* est l'adversaire commun.

§ 1 - L'unité dans l'entraide

Certaines fourmis manifestent une propension à partager. La bible déclare aussi les raisons pour lesquelles il est dit que cet animal n'a pas de chef.

Les fourmis partageuses – L'une des caractéristiques de la fourmi ouvrière consiste en la possession d'un double estomac. Le premier sert à la digestion de la nourriture qu'elle ingurgite. Le second (jabot ou estomac social) présente la particularité de stocker la majeure partie de la nourriture pour ensuite la régurgiter en cas de besoin d'une autre fourmi. En somme, le superflu sert à réaliser une bonne œuvre[303], la

---

[301] - Ephésiens, 4, 3.
[302] - Ephésiens, 4, 13.
[303] - II Corinthiens, 9, 8.

libéralité enrichissant tout un chacun[304]. La fourmi *messor* n'a en revanche pas de jabot social.

Cette trophallaxie visant à transférer la nourriture montre que la fourmi partage à la fois ce qu'elle a pris pour être distribué et ce qui sort d'elle-même. Cela démontre l'altruisme, l'une dominante de l'amour chez l'être humain qui ne cherche pas son propre intérêt. Elle partage ce qui sort de ses entrailles et qu'elle a pris pour autrui.

Par ailleurs, la fourmi thermorésistante (*Cataglyphis bombycinus*) résiste aux plus hautes températures. Vivant dans le désert du *Sahara*, elle a la capacité de sortir quelques minutes aux heures les plus chaudes pour éviter les prédateurs et rapporter les insectes morts pour nourrir la colonie. Dans l'épreuve de feu[305], elle va penser à nourrir les autres. Dans le cadre des *Actes des Apôtres*, il y avait le partage de ce que les gens avaient en commun et ce partage se faisait selon les besoins de chacun. Collectivement, la fourmi illustre l'unité nécessaire dans la vie de l'*Eglise* en répondant aux besoins d'autrui.

L'augmentation du thermostat rappelle explicitement l'histoire biblique de *Shadrak*, *Meshak* et *Abed-Nego*. Ils avaient refusé de se soumettre à l'ordre du roi *Nebukanetsar* leur demandant de se prosterner devant la statue d'or qu'il a fait ériger. Face au refus réitéré de ces hommes, le roi demanda de faire chauffer sept fois plus la fournaise de feu brûlant. On les fit tomber ligotés dans le feu et on les jeta. Et, ne voilà-t-il pas que *Nebukanetsar* fut étonné de voir un quatrième homme ressemblant à un fils des dieux (« *lebar elohin* » selon le passage original qui est en araméen pour cette partie). En effet, les trois serviteurs liés avaient été libérés dans l'épreuve du feu. La bible ne dit pas expressément si les liens ont été coupés parce consumés ou par le fait direct du quatrième homme.

---

[304] - II Corinthiens, 9, 11.
[305] - I Pierre, 4, 12 et s.

Et, alors qu'il avait clamé haut et fort quel était le dieu qui allait les délivrer de ses mains, le *Dieu* de ces trois hébreux le fit. En conséquence, le roi reconnut qu'ils avaient eu raison d'avoir fait confiance à leur *Dieu*. Le miracle a résulté de ce que des personnes ayant été mis dans le feu en sont sorties indemnes, sans aucune brûlure. Cela suffisait pour permettre l'établissement d'une nouvelle règle : celle d'honorer le véritable *Dieu* au lieu d'une statue d'or. L'épreuve de feu et de foi était également une épreuve de qualification puisqu'ils reçurent une promotion[306].

Les fourmis moissonneuses et champignonnistes ont la particularité d'échanger continuellement de la nourriture. Cette habitude d'échanger montre une grande réalité. Dans l'*Eglise*, le partage et la mise en commun témoignent, chez l'homme, une unité de cœur et d'âme[307]. On comprend alors que la bible dise de la fourmi qu'elle forme un peuple tout en montrant à l'être humain et à l'*Eglise* l'exemple.

L'absence de chef – Selon la bible, la fourmi n'a aucun chef qui commande et qui domine[308]. S'il s'agit là de relever d'abord sur le plan des principes, la liberté d'action de la fourmi, il est question de montrer qu'elle fonctionne sans aucun esprit de supériorité. Aucune fourmi ne se considère supérieure à l'autre. Aucune ne cherche à s'élever.

En hébreu, « *qatsin* » est un chef, un souverain, un commandant voire un dictateur ou un gouvernant ayant une autorité». Les fourmis n'ont pas une telle organisation. D'ailleurs, contrairement à la revendication du peuple d'*Israël* qui, rejetant *Dieu*, voulait un roi pour les diriger et finalement ont eu pour roi *Shahul*, les fourmis n'ont aucune revendication de la sorte.

---

[306] - Daniel, 3, 1ᵉʳ et s.
[307] - Actes, 4, 32.
[308] - Proverbes (*Mishlei*), 6, 7.

Elle n'a pas non plus de « *shoter* », à savoir d'officier, de fonctionnaire, de surveillant pour regarder le travail de l'autre. L'activité s'exerce et se déploie sans aucune curiosité malsaine selon le principe de responsabilité individuelle et collective dans l'œuvre.

Elle n'a pas non plus de « *moshel* », en l'occurrence de gouvernement, d'autorité sur elle. Cela ne signifie pas qu'il y avait anarchie, mais chacun était déjà programmé dans un plan prédéfini. Pour comprendre cela, il faut savoir que la fourmi dispose d'une liberté de mouvement et qu'elle est le plus souvent une exécutante. Inscrite dans une dynamique d'entraide, elles sont les unes et les autres dans une logique de service, non de servitude.

Dans l'*Eglise*, il est dit de se soumettre les uns les autres dans la crainte de *Christ*[309]. On remarque souvent que les fourmis s'entraident pour transporter de la nourriture, face à un ennemi, se soumettant les uns les autres d'un commun accord. Ainsi, quand il y a appel au secours ou nécessité de s'associer pour prendre des aliments, ils se transmettent des informations.

Au surplus, il y a une catégorie de fourmis appelées pastorales ou éleveuses. Ce n'est pas parce qu'elles commandent et dirigent d'autres fourmis. Friandes du miellat, liquide sucré sécrété par les pucerons, elles les élèvent et les protègent, d'où l'expression « pastorales ». Elles se nourrissent d'aliments fournis par eux et, en retour, les pucerons reçoivent une couverture.

Certaines chenilles (du *thécla de l'Yeuse* par exemple) produisent du miellat, encourageant les fourmis à les protéger. La chenille *Phengaris* sécrète une substance qui attire les fourmis *Myrmica* et incitent ces dernières à les considérer comme des larves abandonnées pour être amenés dans la fourmilière où les chenilles dévorent les

---

[309] - Ephésiens, 5, 21.

larves et les pré-nymphes de leur hôtesses. Les fourmis pastorales s'occupent également des cochenilles et des cicadelles de rhopalocères (petite cigale sauteuse).

Dans une configuration similaire, les brebis sont spirituellement nourries par le berger qui, en échange, est alimenté du lait de la brebis. Cette image spirituelle signifie que le serviteur doit vivre de l'*Evangile* et se nourrit aussi de la moisson[310].

Les implications de la collectivité – L'idée d'une collectivité ou d'une société suppose l'intégration dans un corps avec des liens de collaboration. Le chrétien est un collaborateur, un coopérant avec *Dieu*.

Les fourmis illustrent bien le rejet de l'égoïsme, de l'égotisme, de l'égocentrisme, de l'individualisme, du sentiment d'indépendance, d'une personnalité autocentrée. Elles révèlent un besoin de convergence mutuelle des uns vers les autres.

L'une de ses qualités est de venir en aide aux plus faibles dans le corps. Ainsi, la bible dit d'accueillir le plus faible dans la foi, sans critique d'opinion[311], de supporter les faiblesses des non-forts et ne pas rechercher ce qui nous plait[312]. Ainsi, quand une fourmi ne peut porter seule une charge, une autre vient l'aider.

Or, c'est un exemple important pour l'être humain. La fourmi ne va pas refuser l'aide. Chez l'être humain par contre, il lui arrive, par orgueil, que certaines personnes refusent l'aide qui leur est proposée même si le besoin est réel. De surcroît, c'est en peinant qu'il faut venir en aide aux faibles dans la mesure où il est plus heureux de donner que de recevoir[313].

---

[310] - I Corinthiens, 9, 11.
[311] - Romains, 14, 1er.
[312] - Romains, 15, 1er.
[313] - Actes, 20, 35.

L'œuvre du *Saint-Esprit* est de considérer le plus faible, le pauvre, le malheureux afin de leur apporter une bonne nouvelle[314]. Par la communication, la fourmi va par exemple indiquer l'existence d'un aliment quelque part. Au surplus, elle porte avec une ou plusieurs autres des charges.

C'est ainsi que le *Saint-Esprit* vient au secours de la faiblesse du chrétien en sa qualité d'intercesseur[315]. Comme on l'a vu, « vient au secours » traduit le grec « *sunantilambanetaï* » composé de trois mots, « *sun* » (avec), « *anti* » (opposé) et « *lambanetai* » (supporter). Une fourmi dans l'incapacité de porter une charge va voir une autre se positionner devant la charge et en face de l'autre pour pouvoir porter la conjointement. C'est simplement une image pour montrer ce que fait le *Saint-Esprit* à l'égard du croyant.

§ 2 - L'unité dans le combat

La fourmi est un animal qui maîtrise l'art de la guerre. Il existe même une fourmi prête à sacrifier sa vie lorsque la survie de la colonie en dépend.

La maîtrise de l'art de la guerre – Les fourmis ont la maîtrise de la stratégie militaire. Certaines peuvent s'associer dans le but d'immobiliser leur ennemi et un autre, physiquement plus grand, se chargera de sectionner sa proie. Dans ces conditions, on remarque une unité dans le combat, dans la stratégie choisie ainsi qu'une orientation vers un ennemi commun. Les fourmis ne dispersent pas leur force, mais vont combattre un ennemi commun.

Les fourmis ajustent le nombre de leurs soldats par rapport à l'importance des menaces en exergue. Cette unité est un exemple pour montrer l'intérêt de l'unité des chrétiens dans le combat spirituel dirigé, non pas contre la chair et le sang (l'être

---
[314] - Esaïe (*Yeshayahou*), 61, 1er.
[315] - Romains, 8, 26.

humain), mais contre Satan[316]. La lutte se tourne contre les principautés (« *arkhaï* »), les autorités (« *exoucias* »), les souverains du monde des ténèbres (« *kosmokratoras* ») et les esprits méchants (« *pneumatos* poneros ») dans les hauts lieux.

Certaines fourmis « *cephalotes* » se singularisent par une tête en forme de bouclier circulaire. Leur rôle est de bloquer l'entrée du nid que les fourmis occupent. Cela ressemble à s'y méprendre aux dimensions du casque du salut et du bouclier de la foi.

A l'évidence, le croyant doit être revêtu de toutes les armes spirituelles (casque du salut, cuirasse de la justice, ceinture de la vérité, empressement que donne l'*Evangile* de paix, bouclier de la foi pour éteindre les traits enflammés du malin, l'épée de l'*Esprit* qui est la parole de *Dieu* et, le tout assaisonné de prières en tout temps[317].

Dans le combat, il faut discerner celui qui fait comme un ange de lumière et en prend l'habillement. Ainsi, existe-t-il une fourmi appelée « *temnothorax pilagens* », fourmi pillarde, pratiquant le camouflage pour s'infiltrer dans d'autres fourmiliers. Sécrétant des substances chimiques que les autres fourmis sont dans l'incapacité de détecter en tant qu'ennemie, elle vient voler les larves, voire les ouvrières pour les réduire en esclavage. Les fourmis dites *esclavagistes* (*formica sanguinea*) vont jusqu'à faire des raids dans les colonies des autres fourmis pour piller le couvain des autres espèces. Or, le mercenaire est venu tuer, dérober et détruire.

Au plan spirituel, le chrétien a à faire attention aux méthodes du diable qui vient sous divers aspects pour le tromper (séduction, mensonge, artifices…). C'est la raison pour laquelle il lui faut faire très attention aux prédateurs déguisés.

---

[316] - Ephésiens, 6, 10 et s.
[317] - Ephésiens, 6, 10 et s. sur le combat spirituel.

En cas d'attaques entre fourmis (fourmis différentes se battant entre elles), au sujet des fourmis rousses, il arrive que les ouvrières guerrières garantissent la protection de la colonie.

De manière générale, ce qui est impressionnant, c'est le fait de voir comment certaines peuvent attaquer des animaux largement plus fortes qu'elles. Leurs assauts sont d'autant plus forts qu'elles agissent collectivement et quelquefois par milliers. Ainsi, des mammifères, des serpents, des lézards, des hommes, ses propres prédateurs peuvent être attaqués par des fourmis. Seule, elle est vulnérable, collectivement, elle est dangereuse et efficace.

Par ailleurs, avec le même courage que *David* face à *Goliath*[318], elles n'hésitent pas à s'attaquer à des proies plus grandes qu'elles, souvent avec succès. En somme, elles ne semblent avoir ni de peur, ni de timidité, contrairement à l'attitude du peuple juif face à *Goliath*. En revanche, *David* était plus petit, comme la fourmi déclarée petite par la bible. Pourtant, il n'a pas hésité, malgré son jeune âge, à combattre, non pas pour lui-même, mais pour donner la victoire à toute une nation.

En clair, la fourmi n'a pas peur d'affronter les géants, proportionnellement appréhendés. De même que *Kaleb* et *Yehoshua* n'ont pas craint les géants ayant confiance en la parole de *Dieu*, de même que les fourmis n'ont pas peur de plus forts qu'eux. Il ne s'agit pas d'une aptitude physique à relever, mais une stratégie, une intelligence à mettre en œuvre.

La fourmi est un véritable soldat. La condition d'accès d'un soldat à ce corps de métier réside dans son enrôlement. Il prend part aux souffrances[319], dispose de l'endurance nécessaire. Il combat, non pas pour lui-même uniquement, mais pour garantir la protection d'une nation. Il ne s'occupe d'affaires qui ne le concernent pas,

---

[318] - I Samuel, 17, 1er et s.
[319] - II Timothée, 2, 3.

mais il lutte selon les règles militaires[320]. Cela implique de l'ordre dans la marche, de la stratégie, de l'intelligence et une discipline importante.

La fourmi qui se sacrifie pour la victoire collective – En *Asie du Sud-Est*, il existe une fourmi qui n'hésite pas à se sacrifier en cas de danger pour la colonie. Le « *Componotus cylindricus* » est prête à s'agripper à l'ennemi pour faire ensuite exploser son abdomen et recouvrir son adversaire d'une substance gluante et mortelle.

Ce n'est pas sans rappeler la mentalité qui a gouverné la décision d'*Esther* de jeûner et de prier pendant trois jours et trois nuits pour se présenter au roi, son époux, avec le risque qu'elle meure. L'essentiel était, pour elle, d'éviter l'extermination de son peuple, le peuple juif.

Cela renvoie aussi à *Jésus-Christ* qui a accepté de supporter la croix pour le salut de ceux qui croiraient en lui. La victoire passe par le sacrifice de soi, non pas du point de vue charnel, pour se faire voir ou s'en vanter, mais par une véritable mort à soi-même en vue de manifester la vie de *Christ* dans la vie du croyant[321].

Section III – La diversité dans le corps

Les fourmis forment un peuple. Comparativement, les croyants sont un seul corps en *Christ*, étant tous membres les uns des autres, chacun pour sa part[322]. Les fourmis peuvent être distinguées en fonction de leurs caractéristiques (§ 1) et de leurs fonctions respectives (§ 2).

§ 1 - La distinction en fonction des caractéristiques

---

[320] - II Timothée, 2, 5.
[321] - Galates, 2, 20.
[322] - Romains, 12, 5.

Les fourmis peuvent être catégorisées en fonction de leurs caractéristiques comportementales et physiques.

La différence en fonction des caractéristiques comportementales - Parmi les fourmis, on peut faire deux discriminations, l'une entre les pacifiques et les carnivores, l'autre entre les terrestres et les volantes.

<u>*La démarcation entre les pacifiques et les carnivores*</u> - Il existe des fourmis pacifiques et d'autres carnivores.

Parmi les fourmis pacifiques, il y a la fourmi noire dans les jardins et les champs, la fourmi moissonneuse qui récolte les graines et la fourmi parasol ou champignonniste d'*Amérique du Sud* en provoquant le développement de champignons dans la fourmilière en y formant des couches de feuilles.

Les fourmis carnivores se nourrissent aux dépens des autres insectes (fourmi rousse du sapin, fourmi rouge d'*Europe*). Certaines, agressives, ravagent un bon nombre de territoires et s'attaquent à des animaux plus forts (fourmis migratrices d'*Amérique* tropicale et d'*Afrique*). Certaines mangent des insectes et sont carnivores comme les fourmis rousses, rouges. La fourmi rousse chasse d'ailleurs pour la colonie. Comme les fourmis rousses et les fourmis rouges, les fourmis sauteuses ou *bulldog* sont extrêmement féroces et leurs morsures sont douloureuses.

Les fourmis carnivores combattent les thermites, pratiquent l'esclavagisme sur les pucerons (fourmi trayeuse du puceron du rosier) ou sur d'autres fourmis dérobant leurs larves pour leur propre compte et qu'elles transforment en réservoir à sucre (fourmi amazone). Certaines fourmis font aussi la guerre contre d'autres espèces de fourmis.

Les fourmis carnivores peuvent représenter l'image d'une personne ayant mauvais caractère et prête à attaquer, à se battre, à blesser, à tuer[323]. Or, une personne présentant une forte agressivité doit recevoir la guérison de *Christ* face à l'amertume, la colère, l'animosité, les querelles, les disputes, autant d'états de cœur et d'œuvres de la chair susceptibles d'altérer la cohésion et l'unité du groupe.

La différence entre les fourmis terrestres et les fourmis volantes - Il existe des fourmis terrestres et des fourmis volantes. Il y a des ouvrières stériles et sans ailes ainsi que des femelles ailées et fécondes et des mâles ailés.

La fourmi fait partie de l'ordre des hyménoptères (« *humen* » : membrane et « *pteron* » : aile), c'est-à-dire un ordre d'insectes à métamorphose complète, dotés de deux paires d'ailes membraneuses et dont les pièces buccales sont broyeuses et lécheuses.

La métamorphose de la fourmi n'est pas sans rappeler bibliquement la transfiguration qui se dit en grec « *metamorfoo* ». Celui qui est en *Christ* est transfiguré de gloire en gloire comme par le *Seigneur* qui est *Esprit*[324]. Lorsque *Jésus-Christ* était sur la montagne avec *Jean*, *Jacques* et *Pierre*, les vêtements devinrent d'une blancheur exceptionnelle, symbole de pureté. Cela reflète les effets de la présence de *Dieu* dans la vie d'un individu. Cela implique le renouvellement de l'intelligence[325].

Les caractéristiques purement physiques - Il existe des fourmis qui ont des tailles différentes oscillant entre 0,75 et 5,2 millimètres. D'autres se distinguent en raison de leurs couleurs (rousses, noires, rouges, jaunes). Enfin, d'autres se singularisent par la forme de leurs antennes.

---

[323] - Galates, 5, 13 à 16.
[324] - II Corinthiens, 3, 18 ; Matthieu, 17, 1er et s à propos de la transfiguration.
[325] - Romains, 12, 1er et 2 ; Ephésiens, 4, 23 et 24 ; Colossiens, 3, 9 et 10.

Quelles que soient leurs tailles, leurs couleurs ou leurs formes, ce sont des fourmis. Cela témoigne du fait que la discrimination entre les hommes en raison de leurs tailles, de leur couleur de peau ou de certaines autres caractéristiques physiques n'a aucune valeur selon la parole de *Dieu*.

Ainsi, *Dieu* ne fait acception de personne, c'est-à-dire qu'il ne fait pas de favoritisme. C'est la raison pour lesquelles les discriminations en raison du handicap, de la couleur de peau, de l'origine... sont constitutives de péchés. L'*Eternel* opère donc l'unité dans la diversité comme l'a montré le mariage de *Mosheh* avec la *kushite* (éthiopienne)[326] et de *Shelomoh* avec la *sulamithe*[327] dont le teint était basané.

La distinction que *Dieu* opère n'est pas d'ordre physique, mais spirituelle, selon que l'on ait accepté ou non *Christ*.

§ 2. - La distinction en raison des fonctions

La différenciation entre les fourmis en raison de leurs fonctions rappelle les différences existantes dans le corps de *Christ*.

La pluralité de fonctions des fourmis - La composition d'une fourmilière est très hétéroclite et dépend d'une organisation fonctionnelle. Il y a les femelles fécondes (les reines), les femelles stériles à thorax grêles (ouvrières) et les jeunes sexués.

L'évolution des fonctions des fourmis dépendrait de leur âge. Elles sont successivement nourricières, ouvrières avec pour fonction d'entretenir le nid et d'en évacuer les déchets et ouvrières expérimentées devenant gardiennes et patrouilleuses autour de la fourmilière.

---

[326] - Nombres (*Bamidbar*), 13, 1er et s.
[327] - Cantique des cantiques (*Shir hashirim*), 3, 11.

<u>Les fourmis nourricières</u> – Les fourmis nourricières sont celles qui s'occupent de donner de la nourriture. La fourmi *pot-de-miel*, ouvrière spécialisée, stocke l'alimentation pour le reste de la colonie.

Dans la seconde hypothèse, les fourmis nettoyeuses ont la charge d'éliminer les cadavres du nid, les excréments et autres déchets. Ce sont des ouvrières en fin de vie ou des individus consacrés aux déchets (dépotoirs) et ne sont plus en contact direct avec les autres fourmis pour ne pas propager d'épidémie. Ainsi, les fourmis champignonnistes créent des déchetteries pour éliminer les déchets de la fourmilière afin d'éviter toute contamination. Les fourmis transportant les déchets ne sont pas en contact avec la déchetterie. Elles déposent les déchets à l'entrée de la déchetterie et d'autres fourmis qui sont affectées à la déchetterie ramassent ces déchets. Les fourmis éboueurs (vieilles fourmis) ne retournent jamais dans la fourmilière.

Il s'agit là d'une dimension de la sanctification consistant à éliminer les déchets spirituels (œuvres de la chair, possessions spirituelles contraires à la volonté de *Dieu*). L'organisation de la fourmi montre un exemple de sanctification inscrite dans une double logique : la purification d'une part et la mise à part d'autre part.

Dans le dernier cas, l'activité des ouvrières expérimentées n'est pas sans rappeler la vigilance de *Néhémie* face aux stratégies de l'ennemi à tel point qu'il établit des gardes armés, symbole de l'intercession et de veille. Le *Saint-Esprit* avait aussi demandé de mettre à part *Paul* et *Barnabas* pour l'œuvre qu'ils avaient à mener pour le *Seigneur*[328].

La fourmi avec des propriétés sanitaires – On vient de voir que les fourmis nettoyeuses ou champignonnistes ont un rôle important dans l'élimination des déchets et ce, afin d'éviter toute contamination dans ce peuple. Ce qui est sale va au dehors.

---

[328] - Actes, 13, 2.

Au-delà de cela, la fourmi prend ses responsabilités en se nettoyant. Il est aussi employer en vue du pansement des blessures.

Le fait de se nettoyer - Sans qu'il y ait lieu à une spécification particulière, les fourmis ont la propriété de se nettoyer sans cesse et de s'enduire, elles, leurs reines et leur œufs de molécules bactéricides, virucides et antifongiques. Cela permet une protection contre les bactéries, les virus et les champignons. Bien plus, certaines fourmis n'hésitent pas à s'enduire de bactéries filamenteuses « amies » qui ont pour fonction de repousser les bactéries pathogènes.

En comparant leur situation à celle des êtres humains, la science a pu développer ce type de produits pour les malades. Mais, en allant plus en profondeur, il existe un médicament incontournable ayant la faculté de guérir dans les dimensions spirituelles et psychiques. Il s'agit des meurtrissures de *Jésus-Christ* guérissant tout autant les maladies procédant de possessions spirituelles que de blessures de l'âme. L'action du sang de *Christ* est primordiale pour laver, sanctifier, pardonner, guérir. Diverses propriétés médicales sont mises en exergue au travers de ce sang.

Le pansement des blessures - Si en *Amérique*, les fourmis légionnaires (*Ecitas*) sont ravageuses et destructrices, en *Afrique*, sans forcément perdre ces caractéristiques, les fourmis légionnaires sont employées pour servir de points de suture en vue d'accélérer la cicatrisation de la plaie d'un être humain. Utilisées par les *Massaï* à cet effet, elles lâchent difficilement prise après la morsure. Les tribus en usent comme points de suture en pinçant la plaie, puis en leur arrachent le corps. La morsure des fourmis *magnan soldat* (légionnaires) permet à la plaie de se refermer.

C'est là une dimension de la guérison des blessures en permettant la cicatrisation comme l'évoque la parole de *Dieu* à propos de plaies vives qui ne peuvent être cautérisées (nettoyées), bandées (pansées), adoucies (soignées) que par l'huile représentant le *Saint-Esprit*[329]. C'est *YHWH* qui pardonne toutes nos iniquités et qui guérit toutes nos maladies[330].

Concernant les fourmis champignonnistes, elles sécrètent un antibiotique grâce à leurs glandes méta-pleurales situées sur le troisième segment thoracique. L'objectif de ces sécrétions est la protection des œufs, larves, nymphes par rapport aux bactéries présents dans le nid. En protégeant les plus faibles, il s'agit de la préservation de la bonne santé par une lutte antibactérienne.

Or, que dit la bible : « Bien-aimé, en tout point, je souhaite que tu prospères et sois bien portant, de même que prospère ton âme »[331]. En effet, dans la dimension du « *shalom* », il s'agit de la paix, de la sérénité, de la tranquillité et de la bonne santé spirituelle, psychique et corporelle. L'un des noms de l'Eternel est d'ailleurs « *El rapha* » (*Dieu* guérit).

La fourmi qui flotte sur l'eau – Les fourmis de feu (« *solenopsis invicta* ») sont capables de former des dômes, des sphères, des ponts, des radeaux vivants et flottants pour franchir les cours d'eau ou s'auto-assembler en structure émergente étanche. Se regroupant entre elles, elles ont un corps hydrofuges et forment des bulles d'air entre les fourmis pour qu'elles respirent.

Or, remarquons que *Simon Pierre* a associé, certes momentanément, sa foi à la parole de *Jésus-Christ* qui lui disait de venir à lui alors qu'il marchait sur les eaux[332]. La capacité du *Seigneur Jésus-Christ* à dominer les éléments naturels se retrouve dans plusieurs passages de la bible. Il donne le tel pouvoir à celui qui croit et alors *Pierre* est venu à lui sur les eaux[333] bien qu'après sa foi a défailli.

---

[329] - Esaïe, 1er, 5 et s.
[330] - Psaumes (*Sepher Tehillim*), 103, 3.
[331] - II Jean, 2.
[332] - Matthieu, 14, 25.
[333] - Matthieu, 14, 29.

Conclusion

Dans sa grandeur, *Dieu* a considéré, dans sa parole, les qualités remarquables d'un être vivant aussi petit qu'une fourmi. Sa structure, ses caractéristiques, ses comportements, ses aptitudes font de cet animal un modèle pour comprendre certaines choses afférentes à la vie quotidienne ainsi que dans le domaine spirituel.

De ce point de vue, l'individu s'efface pour laisser place à une avancée coordonnée et conjointe. Cet animal est un exemple pour le chrétien à titre individuel et pour l'*Eglise* à titre collectif. En effet, l'*Eglise* est un « corps bien coordonné et bien cohérent par tout ligament de soutien selon une activité à la mesure de chacun, la croissance du corps produit pour sa propre édification dans l'amour »[334]. Or, l'amour est une qualité remplissant une fonction sociale.

C'est certainement l'une des plus grandes leçons que nous enseigne, au plan collectif, la fourmi qui ne travaille pas que pour lui, mais agit en prévision et en partage

---

[334] - Ephésiens, 4, 16.

Note au lecteur

On ne veut plus être paresseux, reposer sur ses propres forces. On souhaite acquérir la sagesse de *Dieu* dans le cadre de l'organisation de son temps, dans la gestion de ses biens, de ses finances, de la nourriture ou des dons. On veut marcher dans l'humilité, pouvoir persévérer avec courage, avoir de l'assiduité au travail en matière professionnelle et spirituelle.

On veut s'inscrire, non dans l'individualisme, mais un collectif. On désire développer le sens du partage ou l'unité dans le partage. On veut surmonter ses peurs, affronter les réalités de la vie quotidienne sans maugréer, être dans la dimension de la foi. On souhaite résoudre les problèmes de communication. On a besoin d'un cœur circoncis.

On veut connaître la saison spirituelle dans laquelle on est. On veut marcher dans l'unité, comprendre la dimension du sacrifice agréable de *Dieu*, la réponse aux besoins d'autrui. On veut être spirituellement transformé.

La parole de *Dieu* donne, à cet effet, une illustration particulière et pertinente de la fourmi. C'est à nous de nous laisser enseigner par cette illustration. Nombre de qualités individuelles et collectives sont à retenir d'elle.

L'exemple de la fourmi donné par la parole de *Dieu* est loin d'être anodin. On le comprend aisément à la lecture de cet ouvrage.

Oui, je veux morebooks!

I want morebooks!

Buy your books fast and straightforward online - at one of the world's fastest growing online book stores! Environmentally sound due to Print-on-Demand technologies.

Buy your books online at
www.get-morebooks.com

Achetez vos livres en ligne, vite et bien, sur l'une des librairies en ligne les plus performantes au monde!
En protégeant nos ressources et notre environnement grâce à l'impression à la demande.

La librairie en ligne pour acheter plus vite
www.morebooks.fr

OmniScriptum Marketing DEU GmbH
Heinrich-Böcking-Str. 6-8
D - 66121 Saarbrücken
Telefax: +49 681 93 81 567-9

info@omniscriptum.com
www.omniscriptum.com

www.ingramcontent.com/pod-product-compliance
Lightning Source LLC
Chambersburg PA
CBHW022015160426
43197CB00007B/442